I0693621

BIG BIRD BOOKS

También por Christian Valentín Báez

El Pensamiento De Un HomoSapiens

En

BUSCA DE SENTIDO ANTE EL HURACÁN MARÍA

Cómo nuestros pensamientos y actitudes afectan nuestro ambiente

BIG BIRD BOOKS

Puerto Rico

Primera edición, 2018.

Big Bird Books Publisher

Book Cover Design By Big Bird Books

Bigbirdbooks@hotmail.com

ISBN:1981328297
ISBN-9781981328291

Dedicado a

A mis padres por brindarme la oportunidad de existir este mero instante sumamente valioso que llamamos vida

En BUSCA DE SENTIDO ANTE EL HURACÁN MARÍA

Cómo nuestros pensamientos y actitudes
afectan nuestro ambiente

CHRISTIAN VALENTÍN

AUTOR DE "EL PENSAMIENTO DE UN HOMOSAPIENS"

ÍNDICE

Parte I

Parte II

Epílogo

"La felicidad debe suceder, y lo mismo sucede con el éxito: cuando dejas de pensar en ella verás que se cumple"

-Viktor, E. Frankl

PARTE I

Pensamientos y emociones ante María

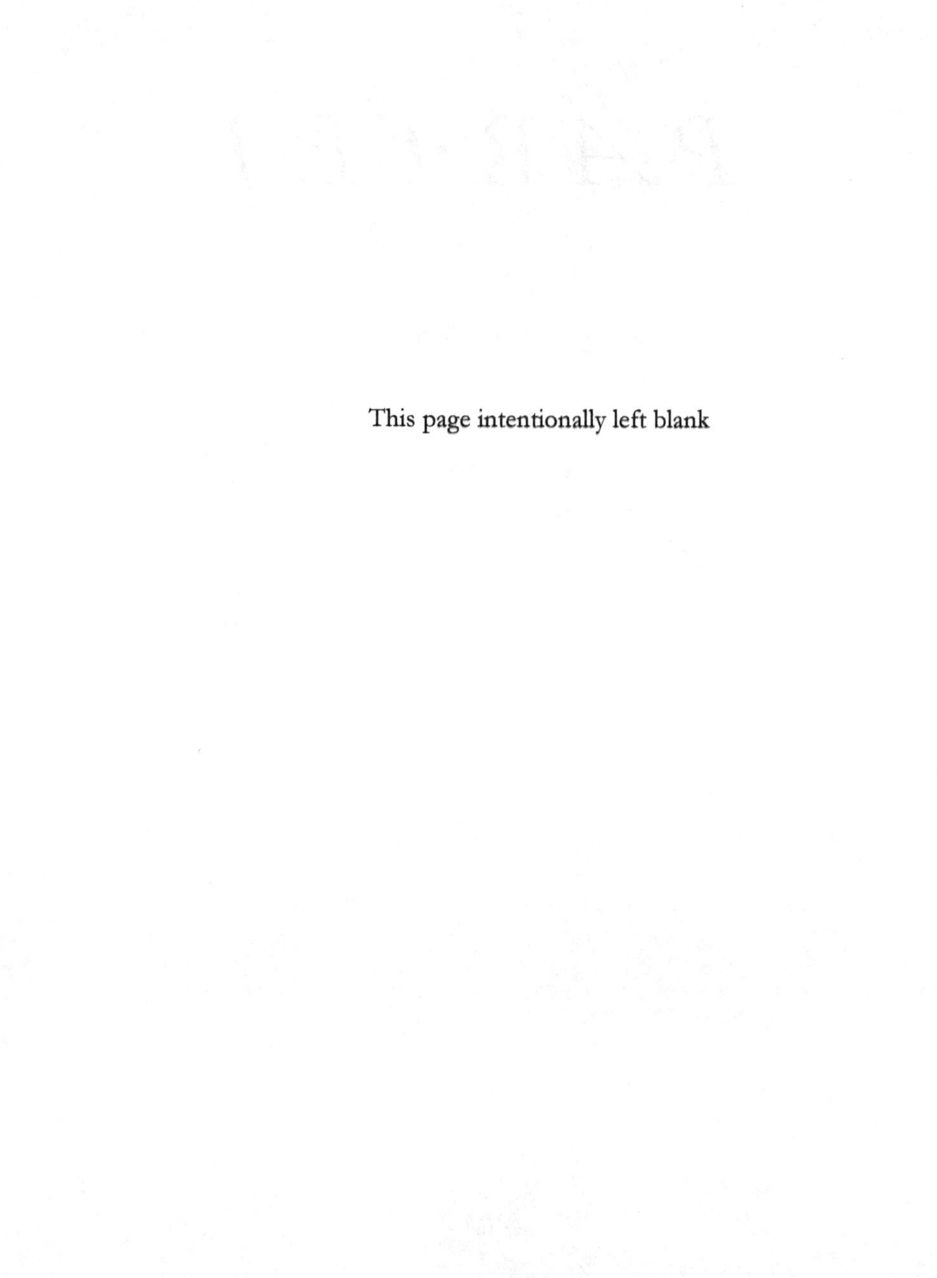

This page intentionally left blank

En el 1665, la peste bubónica[1], una epidemia que mató alrededor de cien mil personas en Inglaterra,—y doscientos millones en Asia, en el 1330 (Noah, 2016, p. 16)—causó que la Universidad de Cambridge cerrara sus puertas por un año y seis meses. Isaac Newton, estudiante de la universidad, no tuvo otra opción que regresar a su hogar. En aislamiento y sin compañía para dialogar sobre ciencia; decidió continuar indagando sobre ciencia y física. En estos 18 meses, guiado por sus pensamientos, inventó cálculo, descubrió la ley de gravitación universal, e hizo varios descubrimientos menores (Trefil, 1992, p. 146). Es impresionante—e interesante—percatarse cómo en un periodo de la humanidad sumamente hostil, personas como Isaac Newton tuvieron la capacidad de subsistir, lo que muchos dedujeron que era; el fin del mundo.

"La gente creía fácilmente en ángeles y hadas, pero no podían imaginar que una minúscula pulga o una simple gota de agua pudieran contener todo un ejército de mortíferos depredadores" (Noah, 2016, p. 17). Aunque, dos eventos de diferente magnitud y etimología, el azote del huracán María en Puerto Rico, el

---

[1] La bacteria *Yersinia pestis*

20 de septiembre de 2017, produjo un periodo sumamente difícil, hostil y preocupante en la población de la isla. Luego de este poderoso ciclón—el autor—se preguntó; ¿por qué—aun dentro de la adversidad—no demostramos que nosotros los puertorriqueños, al igual que en el siglo XVII, tenemos la resiliencia de sobrellevar un periodo de complejidad, escribiendo un libro sobre; cómo conocer nuestra mente para obtener una mejor calidad de vida dentro de un momento complicado? El hecho de que personas como Isaac Newton, utilizaron un momento intrigado para continuar investigaciones que beneficiaron el crecimiento de la humanidad,—realmente entiendo que—los puertorriqueños también tenemos la capacidad de demostrar esta virtud. "*En Busca De Sentido Ante El Huracán María*" se escribió con el objetivo a demostrar que tenemos la disposición y la inteligencia para subsistir nuestros pensamientos y emociones ante una catástrofe. También con la intensión de estimular al puertorriqueño a promover el hábito de la lectura y la curiosidad.

Es evidente, claro está, que la mente humana es el producto del cerebro. Y no hay duda que la habilidad de entender el significado de esta oración depende del proceso neurofisiológico en tu cerebro en este preciso momento (Harris, 2014, p. 55). Reconocer que nuestro comportamiento y cogniciones son el resultado de este proceso sumamente complejo, nos da más que una justificación razonable de por qué mi tesis enfatiza en, cómo nuestra mente—o pensamientos—afecta nuestra calidad de vida. Ahora, invito al lector al aspecto misterioso e interesante del pensamiento y el cerebro humano.

Christian Valentín Báez, 28 de septiembre de 2017

Capítulo 1

María

"Mi mayor preocupación no es si he fracasado, sino si estoy satisfecho del fracaso"

-Abraham Lincoln

Para algunos el tiempo es absoluto, mientras que el espacio no lo es. Para genios como Albert Einstein, por medio de la teoría de la relatividad, ni el tiempo ni el espacio son absolutos. "Cada observador debe tener su propia medida del tiempo y relojes idénticos moviéndose con observadores diferentes no tendrían que coincidir" (Hawking, 1988, p. 41). Al fin de cuenta "aún no sabemos qué es el tiempo, lo que sí sabemos es cómo medirlo" (Trefil, 1992, p. 136). Como afirmó St. Augustine, en *"Confessions", "What is time? If no one asks me, I know what it is. If I wish to explain what it is to him who asks me, I do not know"* (Trefil, 1992, p. 136).

El exceso de tiempo es el mayor problema en nosotros los puertorriqueños ante el paso de María, el huracán que azotó a Puerto Rico, el miércoles 20 de septiembre de 2017. Ausencia de servicio eléctrico, agua potable, y, peor aún, servicio de Internet.

Se detuvo el tiempo, los sueños a completar, los hábitos tecnológicos, las salidas de ocio, y la rutina diaria. Muchos han perdido la estabilidad emocional en tan solo dos semanas, algunos no esperaron catorce días y migraron a los Estados Unidos. ¿Cuál es el sentido a la vida luego de María? ¿Cómo le encontramos significado a la existencia tras la furia de María? Por lo general, una persona promedio aceptará el argumento que, el tiempo dedicado a sus seres queridos es de vital importancia. Luego de la catástrofe la mayoría de las familias puertorriqueñas quedaron atrapadas en sus hogares sin otra alternativa. No obstante, luego de dos semanas, tanto el lector como el autor, puede admitir que ahora extraña su diario vivir, y su trabajo que tanto pensaba que odiaba. ¿Somos felices gracias a las comodidades y a los placeres de la vida? ¿O lo somos gracias al amor de nuestros seres queridos? ¿Por qué nos sentimos vacíos ahora ante la ausencia de estos servicios? ¿Realmente son de vital importancia como solemos considerar?

Existen varios tipos de pensamientos que nos han dogmatizado en cómo deberíamos vivir en la sociedad moderna. Según Marshall Sahlins; *"There is the modern course of market economies, which assumes that human needs are considerable and that the more an economy produces, the closer it comes to meeting those needs"* (Lent, 2017, p. 91). Es decir, muy similar a lo que alegaba Karl Marx. "El mercado se ha enfocado en producir, vender y condicionar a la sociedad en adquirir mercancías que no tienen sentido alguno y que realmente no las necesitamos. Esta transformación de un producto del trabajo humano en algo ajeno al hombre—extraño y enigmático—al adoptar la forma de mercancía, es a la que llama Karl Marx el fetichismo de la mercancía" (Sánchez, 1969, p. 117). Cuando la sociedad alcanza un punto, en donde la producción supera las necesidades, tendemos a pensar que 'necesitamos' dichas producciones. A diferencia, el utilitarismo nos enseña que sólo necesitamos lo que es factible y útil. Sin embargo, también tenemos lo que Sahlins llamó, *"The Zen Strategy,"* *"based on the notion that human material needs are few, and there is therefore very little to do to fulfill those needs"* (Lent, 2017, p. 91). Cuando deseamos tanto, y cuando todo eso que deseamos es privado de nuestras vidas de manera súbita, sentimos con ansías que realmente necesitamos estos bienes.

Tribus que residen en aldeas aisladas de sociedades modernas, tienen un diario vivir con menos niveles de ansiedad y preocupación que sociedades avanzadas. ¿No debería ser lo opuesto? Lo que podemos imaginar de una sociedad sin electricidad, ni servicio de agua potable, es una sociedad triste, sin motivación y depresiva. Pero la literatura muestra lo contrario. Tribus como los ¡Kung, en África, necesitan tan pocos recursos para una vida simple que no necesitan trabajar tanto para obtener lo que requieren (Lent, 2017, p. 91). ¿Somos un pueblo 'pobre' ahora ante la destrucción de este fenómeno atmosférico? ¿Qué es pobreza? Estas tribus, aisladas del mundo moderno, no se consideran pobres. *"Poverty itself is an invention of a different kind of society"* (Lent, 2017, p. 91). Oscar Wilde escribió; "En este mundo existen dos tragedias. Una es no obtener lo que quieres, y la otra, obtener lo que quieres" (Kushner, 1986, p. 3).

Lo que Wilde nos estaba intentando explicar es, que no importa lo que desees, lo logres o no, esto no dará satisfacción eterna. ¿Seremos felices una vez el servicio eléctrico se restablezca?

"Who is wealthy? He who is content with what he has" (Kushner, 1986, p. 64). Nuestros hábitos de obtener y desear constantemente es lo que nos ha mantenido en un constante sufrimiento.

Capítulo 2

El Tiempo

"¿Si viajar a través del tiempo es posible, dónde están los turistas del futuro?"

-Stephen Hawking

"Time is a social construct that helps us meet social conventions" (Beauport & Diaz, 2002, p. 13). Me parece interesante discutir en este texto un detalle curioso sobre el tiempo. ¿Nunca se ha preguntado, el lector, de dónde, y por qué, surgió la idea y el concepto de tiempo? Todo comenzó a final de la mitad de la edad media. Las primeras personas en demandar una medida más precisa del tiempo fueron los monjes cristianos, los cuales tenían una agenda basada en rezos (Carr, 2010, p. 42). En el siglo XI Santo Benedict, ordenó a sus seguidores a realizar siete rezos en horas específicas del día. Fue en los monasterios donde los primeros relojes fueron armados (Carr, 2010, p. 42).

Cuando la mayoría de las personas comenzaron a moverse de las áreas rurales a las zonas urbanas, para trabajar en fábricas, en vez de trabajar en granjas, el tiempo comenzó a tomar un rol importante en nuestro diario vivir (Carr, 2010, p. 42). Personas que han migrado de África, en donde la rutina diaria se basa en buscar recursos para sobrevivir en el desierto, tienen una noción completamente distinta a las sociedades occidentales. Harris Dirie, una mujer nacida y criada en Somalia, África, explica en su libro; *"Desert Flower"*, cómo es el diario vivir en su tierra natal.

> *"Growing up in Africa I did not have the sense of history that seems so important in others parts of the world. Our language, Somali, did not have a written script until 1973, so we did not learn to read or write. Knowledge was passed down by word of mouth—poetry or folktales—or, more important, by our parents teaching us the skills we needed to survive. Everything was today, what are we going to do today? Are all the children in? Are all the animals safe? How are we going to eat? Where can we find water? In Somalia, we lived the way our ancestors had for thousands of years; nothing had changed dramatically for us"* (Dirie & Miller, 1998, p. 24).

En su modo de vida no hace sentido celebrar cumple años, ya que en su diario vivir la probabilidad de morir es sumamente alta. Ya sea a causa de una bacteria extraída de un alimento contaminado, un depredador en el desierto, o quizás sea el último día en que logren recolectar agua, debido a las extremas sequías en África. El tiempo en su diario vivir no es significativo ya que el promedio de vida es sumamente corto y hostil. Aun así, Dirie consideraba su vida en África feliz y llena de alegría. ¿Cómo es posible que personas con tan pocos recursos, y sin garantía de un mañana, pueden valorar la vida con mayor gratitud que nosotros en una sociedad industrializada? ¿Qué es lo que no estamos valorando? ¿Hemos olvidado algún detalle en esto que llamamos vida?

***

"En la antigua Grecia, el filosofo Epicuro afirmó que adorar a los dioses es una pérdida de tiempo que no hay existencia después de la muerte y que la felicidad es el único propósito de la vida. Para Epicuro, la búsqueda de la felicidad era un objetivo personal" (Noah, 2016, p. 42). "Los filósofos han mantenido puntos de vista muy diferentes respecto a la motivación humana. Roussau y Hume creían que los seres humanos se preocupan por los demás de manera innata; y que tal preocupación ha dejado su huella en muchos sistemas éticos" (Papineau, 2008, p. 148). El autor coincide con Hume y Roussau, ya que, en momentos de crisis, como la que ha pasado Puerto Rico ante María, podemos vivir cómo la integridad se vuelve a manifestar en la comunidad. Es por eso que "el deber estoico es el deber del ciudadano del mundo, no de un país particular; el deber de promover el bienestar de todos aquellos a los que uno puede afectar" (Papineau, 2008, p. 138). Muy similar el biólogo Lewis Thomas escribió;

> *"Nature's great law for all living things is not the survival of the fittest but the principle of cooperation. Plants and animals survive not by defeating their neighbors in the competition for food and light but by learning to live with their neighbors in such a way that every one prospers"* (Kushner, 1986, p. 141).

"Según la mayoría de las definiciones de inteligencia, hace un millón de años los humanos ya eran los animales más inteligentes de su entorno" (Noah, 2016, p. 151). Pero ya nuestros ancestros, como el *Homo habilis*, utilizaba utensilios y herramientas para realizar tareas, y aun así no llegaron al nivel del *Homos sapiens*.

"En la Edad de Piedra, la selección natural nos ponía a prueba en todo momento" (Noah, 2016, p. 151), muy similar a los boricuas cuando fueron retados por las fuerzas de este fenómeno atmosférico. ¿Qué habilidad fue la que nos diferenció de los demás? Muy claro lo indica Yuval Noah Harari, en su libro; *"Homo Deus"*. "En cambio, el factor crucial en nuestra conquista del mundo fue nuestra capacidad de conectar entre sí a muchos seres humanos. Hoy día, los humanos dominan completamente el planeta, no porque el individuo humano sea mucho más inteligente y tenga los dedos más ágiles que un chimpancé o un lobo, sino porque *Homo sapiens* es la única especie en la Tierra capaz de cooperar de manera flexible en gran número" (Noah, 2016, p. 151-152).

Capítulo 3

La Virtud de Vivir el Presente

"Enjoy the things that make us human, the things that only human beings can do"

-Harold Kusher

Mientras vivimos una vida cómoda, libre de retos para conseguir los recursos esenciales en nuestro diario vivir, no parece necesario consultar con nuestros vecinos muy a menudo. Pero una vez este gigante fenómeno atmosférico tocó el suelo boricua regresamos a 'nuestro comportamiento primitivo'. Ahora no tengo cómo llegar al colmado para adquirir alimento, tampoco puedo remover por mí solo un árbol gigante que aisló mi residencia. Será suficiente complicado lograr una calidad de vida satisfactoria sin la ayuda y la cooperación de mis queridos vecinos. Dentro de la psicología evolutiva, diferentes hipótesis intentan evidenciar este comportamiento.

'The idea that the human brain grew in size and intelligence as a result of social complexity is known as the "social brain hypothesis" and has

emerged from decades of studying humans and other animals. Scientists have discovered that species of monkeys and apes that typically live in larger groups have a larger neocortex" (Lent, 2017, p. 42-43).

Vivir en comunidades tuvo un gran efecto beneficioso en la vida de nuestros ancestros hace 100,000 años en África. La cooperación, entre comunidades, fue sumamente visible en casi todas las partes de la isla de Puerto Rico. El desastre provocado por el huracán obligó, muchas veces inconscientemente, olvidar qué clase social o profesión eran sus vecinos, sólo importaba una cosa; la cooperación. Por esa razón John Tooby, antropólogo de la Universidad de California, Santa Barbara, aboga que; *"Our modern skulls house a stone age mind"*. Muy similar, Michael Shermer, expuso en su libro; *"The Science of Good & Evil"*, *"[a]ll animals, including human animals, are just trying to survive, and it turns out that cooperation is a good strategy"* (Shermer, 2004, p. 29).

***

Algo que podemos aprender ante una tragedia, como lo fue el huracán María, es de valorar lo poco y lo simple, lo cual es la chispa que produce la verdadera felicidad. No es el coche de último modelo, ni el viaje a Helsinki, o mis vacaciones en Viena, sino los pequeños detalles que constituyen lo significativo. Estos detalles simples son olvidados en el diario vivir, se vuelven insignificante porque ya no causan una respuesta emotiva. ¿Cuáles son estos detalles simples y útiles? Primero debemos aceptar que debemos vivir junto al dolor. Si estás triste, acepta la tristeza, y verás que inconscientemente desaparece la tristeza[2]. No existe una pastilla para aliviar cada dolor en este mundo.

"Uno de los hallazgos más significativos en la psicología en los últimos veinte años es que los individuos pueden escoger cómo pensar" (Seligman, 1991, p. 8).

> *"The antidepressant drugs are as good an example of our overmedicated society as the use of tranquilizers to bring peace of mind or hallucinogens to see beauty. In each case, emotional problems that could be solved by one's own skills and actions are turned over to an outside agent of solution"* (Seligman, 1991, p. 12).

Si nos sentimos triste no hay nada maligno en por qué sentirse así. Es peor deducir que es 'malo' estar triste que sentiste de esa manera. Ahora, sin servicio eléctrico nos hemos percatado de las comodidades y lujos que hacen nuestra vida un poco más factible. Mientras estas comodidades estaban presentes—y andaban por apercibidos meses antes del huracán—ya no parecían ser tan interesantes, ya no hacían ver la vida más sencilla. Sin embargo, en este momento de crisis, nuestros sentidos han comenzado a 'extrañar' estos estímulos placenteros tan simples como, por ejemplo; un vaso de agua fría. "Lo mismo ocurrió con el resto de nuestros sentidos, de prestar atención a nuestras sensaciones. Los antiguos cazadores-recolectores fueron siempre sagaces y atentos.

El libro del hombre - Osho, Laffón, L. M.S. & Moriones, E. (2009).

Cuando encontraban una seta, la comían con la máxima atención, al tanto de cualquier pequeño matiz en el sabor que puede distinguir una seta comestible de su pariente venenosa" (Noah, 2016, p. 393-394). Antes de María no parecía interesante prestar atención al sabor de los alimentos ingeridos, lo que era importante, o significativo, era regresar a la oficina de trabajo a tiempo y continuar con la rutina diaria. Ahora, durante María, tenemos tiempo y consciencia para valorar el poco alimento que tenemos de frente. Sin acceso a las redes sociales es inútil tomar fotografías de los alimentos que consumimos, ahora sólo debemos concentrarnos en lo que es realmente significativo; el hecho que somos afortunados de disfrutar lo que tenemos *hoy*.

Un grano de arena a la vez

El tiempo continúa causando preocupación luego del desastre. Los días se perciben más extensos y muy pocos encuentran algo que realizar. Ahora, me parece útil brindar la siguiente analogía al lector. La mayoría de nuestros problemas suelen residir en nuestra *caja negra*[3], es decir, en nuestra mente. Mientras coexistimos en un mundo funcional, moderno, tecnológico y egoísta, estamos constantemente distraídos y ocupados en los quehaceres de la existencia. Días luego del huracán María, tenemos tiempo en abundancia y carecemos de distracciones. La analogía se basa en que la vida es similar a un reloj de arena.

---

[3] Una metáfora para describir un modelo abstracto sobre el funcionamiento de la mente dentro de la psicología en relación con estímulo y respuesta.

Todos conocemos que en un reloj de arena, la arenilla en la parte superior—al final de la hora—debe descender en la parte inferior del reloj. Pero muy pocos nos damos cuenta, por nuestro estilo de vida y ética de la sociedad, que esto es posible de una sola manera. Este procedimiento es un proceso pausado, tranquilo y gradual. Sólo un grano de arena puede pasar por el pequeño cuello en el medio del reloj. No podemos evitar, ni cambiar, el hecho que solamente pasará un grano de arena a la vez. Lo único que podemos hacer es aceptar la manera en cómo funciona el tiempo, y cooperar con lo inevitable, de otra manera viviremos una vida llena de preocupaciones. En la sociedad moderna y funcional vivimos un diario vivir apresurado, olvidamos por completo la logística de nuestro reloj de arena y nos acostumbramos a un estilo de vida veloz. Pero ahora en la crisis hemos sido forzados a seguir el método del reloj de arena. En este momento estamos obligado a observar caer granito a granito y contemplar cómo el mundo continúa funcionando independientemente de nuestras preocupaciones. Al igual que Warries Dirie, y su vida nómada en África, ahora únicamente podemos residir en un solo lugar; *el presente.*

Y este patrón vicioso nos ha llevado, ciegamente, a creer que debemos sostener una vida apresurada preocupados por el futuro y por el pasado, así obviando el presente lo único que realmente *existe.* Realmente entiendo que por justificaciones similares Sydney Harris, escribió; "*The time to relax is when you don't have time for it*". El mejor ejemplo de cómo olvidamos el presente lo presenta Stephen Leacock:

> *"The child says, 'When I am a big boy.' But what is that? The big boy says, 'When I grow up'. And then, grown up, he says, 'When I get married'. But to be married, what is that after all? The thought changes to 'When I'm able to retire.' And then, when retirement comes, he looks back over the landscape traversed; a cold wind seems to weep over it; somehow he has missed it all, and it is gone."* (Carnegie, 1948, p. 29).

El hecho de que sólo estamos aquí por un breve momento es lo que da sentido y motivación de disfrutar lo que tenemos *ahora*, no lo que tuvimos ayer o podríamos obtener mañana.

> *"It is a time to "eat our bread in gladness and drink our wine with joy" not despite the fact that life does not go on forever but precisely because of that fact. It is a time to enjoy happiness with those we love and to realize that we are at a time in our lives when enjoying today means more than worrying about tomorrow".* (Kushner, 1986, p. 147).

Vivir cada día y ajustarse a nuestra realidad, en vez de atarnos a nuestros deseos y expectativas, en muchas ocasiones nos impulsa a disfrutar lo que es realmente magnífico. *"Life is a series of moments to live each one is to succeed"* (Kushner, 1986, p. 107). Es decir, mientras continuemos detestando nuestro pasado, e insatisfecho por el presente, estaremos muy cerca a lo que Carl Jung definía como una persona neurótica.

"The neurotic is rather a person who can never have things as he would like them in the present, and who can therefore never enjoy the past". (Jung, 1933, p. 106).

Preocuparnos por el futuro ha sido un comportamiento que ha afectado hasta los grandes pensadores. El gran filósofo francés, Michel de Montaigne, fue víctima de nuestra capacidad[4]—en este caso de una manera nociva—de reflexionar constantemente sobre el futuro. "Mi vida", escribió Montaigne, "ha estado llena de desgracias por las cuales muchas de ellas nunca sucedieron" (Carnegie, 1948, p. 30). Y muy similar William James nos advirtió, en sus sabios escritos, que el pasado ya es historia, el futuro un sueño y el presente un regalo. Cada momento que pasa y cada segundo debe ser un momento único el cual debemos valorar. Muy bien lo explica Dante, *"We are racing through space at the rate of nineteen miles every second. Today is our most precious possession. It is our only sure possession"* (Carnegie, 1948, p. 30).

---

[4] En el próximo capítulo, "Exceso de Futuro", se discutirá sobre por qué la capacidad de pensar en el futuro fue, y continúa constituyendo, uno de los logros de mayor beneficio, en el desarrollo del cerebro humano, hacia una sociedad avanzada.

Capítulo 4

Exceso de Futuro

"Las cosas en sí no atormentan a los hombres, sino las opiniones que tienen de ellas"

-Epicteto I DC

¿Por qué pensamos en el futuro, y qué parte de nuestro encéfalo es responsable de esta capacidad que muchas veces nos mantiene preocupados y distraídos? "El cerebro primitivo en nuestro planeta surgió hace alrededor de 500 millones de años, se desarrollaron, sin prisa alguna, en un tiempo promedio de 430 millones de años en lo que fueron los cerebros de los primeros primates, y tardaron otros 70 millones de años evolucionando en los cerebros de los primeros *"proto humans"* (Gilbert, 2006, p. 10). "El ser humano es el único animal que piensa sobre el futuro" (p. 10), y lo más interesante de esta capacidad es, "que 12% de nuestros pensamientos diarios son sobre el futuro" (p. 17). Es decir, "cada ocho horas de pensamiento incluye una hora de sucesos que aún no han sucedido" (p. 17).

"The greatest achievement of the human brain is its ability to imagine objects and episodes that do not exist in the realm of the real, and it is this ability that allows us to think about the future" (Gilbert, 2006, p. 5).

"Los lóbulos frontales ocupan la parte más extensa de la corteza y es el responsable de realizar las funciones más complejas" (Wolfe, 2001, p. 38). Esta parte del cerebro se ha expandido rápidamente en las últimas 20,000 generaciones y es lo que más nos distingue de nuestros antepasados (p. 39). Los lóbulos frontales—última en desarrollarse en el proceso evolutivo y primera en deteriorarse en la vejez—también es responsable de nuestra capacidad de resolver problemas, tomar decisiones, entrar en conversaciones y pensar en el pasado y futuro. Por tanto, gracias a esta parte del cerebro, y nuestro estilo de vida moderno, también es capaz de crear el exceso de pensamientos sobre el futuro, o lo que conocemos como ansiedad.

Ansiedad

Muchas veces la diferencia entre ansiedad y miedo no es obvia. Sigmund Freud diferenciaba la ansiedad objetiva[5] y ansiedad neurótica. La ansiedad objetiva es dirigida a un objeto específico que lo causa, y la ansiedad neurótica es el miedo sin reconocer su causa (Beck, 2000, p. 265). La ansiedad es una experiencia distinta al miedo y surge cuando una persona no puede lidiar con una amenaza (p. 265). Sin embargo, esta emoción desagradable también ocurre

---

Lo que se también se denomina como 'miedo'.

cuando una persona reconoce con exactitud su amenaza, pero no puede hacer nada al respecto. Y esta es la situación ante la mayoría de los puertorriqueños ante María. Cuando el boricua se percató que podrían permanecer sin servicio eléctrico, agua potable y acceso al Internet, por varios meses, no muchos lograron lidiar o aceptar esta etapa de construir y edificar la isla. La forma en cómo explicamos los eventos negativos, y el estilo que utilizamos, va más allá que las palabras que pronunciamos (Seligman, 1991, p. 44).

"Según la Teoría Gestalt, las personas enfrentan problemas o dificultades psicológicas, cuando han sido cortados o bloqueados de partes importantes de sí mismo; emociones o contactos con otros" (Rosado, 2014, p. 203). En nuestro caso, los puertorriqueños, fuimos cortados y bloqueado de partes importantes, de nuestros familiares, amigos, colegas de trabajo etc. Esta interrupción fue de forma súbita y casi inesperada. "Aunque se habla del pasado, la Teoría Gestalt enfatiza el aquí y ahora, o el presente. [S]ólo existe el ahora, siendo igual a la experiencia, conciencia y realidad" (p. 205). O sea, el foco del *"awareness"* es, en buscar llevar al individuo a enfocarse a enfrentar el presente y evitar el aturdimiento sobre el pasado o futuro excesivamente. "Enfatizan la aseveración de que el pasado, ya se fue, el futuro no ha llegado; por ende, el presente es lo significativo" (p. 205). "Por otro lado, la evitación es la forma empleada por las personas para no enfrentar o evitar los asuntos inconclusos y de experimentar situaciones desagradables asociadas" (p. 206-207). Era evidente, semanas luego de la catástrofe que, varías personas intentaban impedir o enfrentar las responsabilidades que causó el ciclón.

La persona bajo intrusión "sueña con lo sucedido, o se mantiene en un estado de hipervigilancia, o es estimulado por un recuerdo fuera de su control" (Puigarnau, 2010, p. 45). Sin embargo, "la evitación se refiere a todo aquello que contribuye a la negación del proceso" (p. 45). Al final del día, "impedir que el dolor, la culpa o la ansiedad salga a la superficie no abandonará ni al crecimiento, ni a la madurez del cliente; y en cambio, restará con toda la probabilidad lo que implica vivir a plenitud" (Rosado, 2014, p. 207).

Capítulo 5

¿Cuál es tu actitud hacia la vida?

"A man is rich in proportion to the number of things he can afford to let alone"

-Henry David Thoreau

"El existencialismo es un enfoque filosófico que centra su énfasis en la existencia humana y sus preocupaciones" (Rosado, 2014, p. 191). Dentro de este enfoque filosófico nos concentramos en la reflexión por el significado de la vida, el aislamiento, el sufrimiento, la libertad y la muerte (Rosado, 2014). En otras palabras, el existencialismo surgió ante una época de la humanidad hostil, dolorosa, llena de penurias, hambruna y el desasosiego típico luego de la Segunda Guerra Mundial (Rosado, 2014). En esta época, muy similar a nuestra situación en Puerto Rico bajo las destrucciones de María, la muerte, el dolor y la desesperación se apoderaba diariamente del *Homo sapiens*.

En muchas ocasiones—y esta no es la excepción—olvidamos contar nuestras bendiciones y sólo contemplamos la adversidad. Y lo que realmente necesitamos, o mejor dicho darnos cuenta, es de cambiar nuestra actitud hacia la vida. *"It did not really matter what we expected from life, but rather what life expected from us"* (Frankl, 2004, p. 62). Ahora, podemos preguntarnos; ¿qué puedo, yo como persona, hacer para realizar un cambio en mí y en los demás ante esta situación?

Cuando logramos enumerar objetivos y tareas, que no sólo me afectarán a mí, sino a mis relativos, empezamos a encontrar afinidad y determinación. "La vida significa tomar la responsabilidad de encontrar una respuesta adecuada a los conflictos y situaciones que se presentan a diario" (Frankl, 2004, p. 62). Y si la vida nos lleva al sufrimiento, entonces deberíamos aceptar esta emoción desagradable como parte de nuestra tarea, y reconocer que hasta en el sufrimiento somos únicos en este lugar del universo. Por tanto, no hay un sentido objetivo—o universal—en la vida, es decir, el sentido florece cuando encontramos una tarea gratificante, significativa en un momento de nuestra existencia. Y esta tarea debe envolver la prosperidad personal y colectiva. Cuando no podemos cambiar una situación, entonces somos retados a cambiar nuestra actitud ante esa situación (Frankl, 2004).

Capítulo 6

El Jardín Psicológico

"Man therefore, as the lord and master of thought, is the maker of himself the shaper and author of environment"

-James Allen

Nuestro medio ambiente, en muchas ocasiones, es un reflejo de nuestra personalidad. Producimos lo que somos y atraemos lo que nuestras acciones y pensamientos producen. No podemos esperar resultados positivos si mis pensamientos son negativos. "Buenos pensamientos y acciones nunca podrán crear malos resultados; malos pensamientos y acciones muy rara la vez estarán acompañados de buenos resultados" (Allen, 2010, p. 15). "Un hombre es literalmente lo que él piensa, su carácter siendo la suma de todos sus pensamientos" (p. 6).

> "Hasta el día de ayer, nueve personas habían cometido suicidio desde el paso del huracán María por la isla, seis hombres y tres mujeres, entre las edades de 25 a 69 años"[6].

---

[6] https://www.elnuevodia.com/noticias/locales/nota/subenlossuicidios-2362565/

Esas eran las noticias del periódico *El Nuevo Día* el martes, 3 de octubre de 2017. Es muy lamentable como la salud mental se deteriora rápidamente, olvidando así nuestra capacidad y la fuerza de lidiar ante situaciones hostiles. ¿Dónde está la fuerza que necesitamos para lidiar ante esta situación de desastre? El conocimiento, la erudición que necesitamos para combatir dichos problemas se encuentra en nuestras manos. Cientos de personas, en la historia de la humanidad, han pasado y experimentado experiencias similares, incluso peores a la que produjo María. Pero no conocemos de ellas, no hemos dividido nuestro tiempo para indagar, no tenemos la intromisión de conocer cómo grandes pensadores tuvieron la metacognición de controlar sus pensamientos.

Dios está allá afuera, en todos los conocimientos sobre las leyes de la naturaleza. El hombre ha logrado descifrar las reglas de la naturaleza, y en cierta parte entender por qué nos comportamos de cierta manera ante una situación. Y es nuestro deber salir y estudiar estos grandes escritos que nos darán el valor de sobrellevar los conflictos diarios. Las respuestas a las preguntas ya están allá afuera (la mayoría de ellas) en librerías y bibliotecas. ¿Me siento triste? lee sobre la vida de Viktor Frankl; ¿estoy preocupado? estudia el libro por Dale Carnagie; "*How To Stop Worrying and Start Living*"; ¿por qué siento que mi vida no hace sentido ahora sin servicio al Internet? el libro de Nicholas Carr; "*The Shallows What The Internet is Doing To Our Brain*" nos aclara muchas de estas preguntas. Vivimos en la era de la información, pero no nos lucramos de ella. ¿Estudiamos? sí, nos educamos, pero sólo porque necesitamos un título para vivir. Pero no estudiamos para aprender—para formarnos—a cómo mejorar mi calidad de vida y cómo renovar mis pensamientos. "[P] ara Aristóteles por ejemplo: el verdadero propósito de la educación es el logro de la felicidad mediante la virtud" (Hernández, 2015, p. 45). "Es conveniente tener presente que educar no es simplemente la transmisión de conocimientos al estudiante sino guiarlo a describir el significado de la vida y sus valores universales... El fin de la educación no es sólo preparar al estudiante para que haga una profesión o que logre un puesto como un medio de ganarse la vida" (p. 46). Similar expuso A.S. Neil, fundador de la escuela Summit Hill en Inglaterra: la educación es "la conquista de la ignorancia" (p. 46).

¿Qué hace un jardinero? El jardinero remueve la 'hierba mala' y sólo deja lo que quiere cosechar. ¿Qué fruto esperamos de un árbol de china? Un árbol de china nos dará su único fruto; chinas, y no se 'preocupa' por no poseer otra opción. Incluso un niño intuitivamente aprende esto sin ser enseñado, ya nacemos con dicho conocimiento[7].

Pero en el mundo psicológico y moral no lo hemos asimilado. Y muchas veces cultivamos pensamientos malévolos, negativos, egoístas, envidiosos, pensamientos que no deben ser dejados en el Jardín Psicológico. Y peor aún, no percatamos el daño que nos está produciendo en nuestro interior y en nuestro ser. Y lo que amenaza mi mente amenaza mi cuerpo.

La persona egoísta produce pensamientos ambiciosos enfocados solamente en él, pero no se percata que su jardín producirá exactamente lo que ha sembrado. El individuo, con pensamientos egocéntricos, inconscientemente, no se entera que sus pensamientos y acciones no armonizarán con sus expectativas. Con el paso del tiempo visita su jardín, pero se da cuenta que no ha recibido los frutos que él esperaba. Cuando la persona se enfada es porque sus resultados no sincronizan con sus expectativas y acciones, ya que

---

[7] Muy bien lo explica el antropólogo Pascar Boyer, en su libro; *"Religion Explained The Evolutionary Origins of Religion Thought"*. El cerebro humano clasifica los objetos en categorías (animales, plantas, personas, etc.).
"All animal species, in our intuitive categories, belong to only one species. Our intuitions go beyond the surface features of these different species. For instance, everyone (even young children) has the intuition that members of a species have the same "stuff" inside: the innards of all cows are similar, and so are the insides of all giraffes. Violations of this principle are often found in supernatural concepts, no just in religion but also in myth and folktales… perhaps more familiar example from religion, the concept of a woman who gave birth without having sex is another instance of this general pattern: same species (she is a human being like other human beings) but counterintuitive physiological property (she reproduced in a way that is not the same as other members of the species") (Boyer, 2001, p. 65-66).

nadie desea frutos amargos, pero no muchos se enfocan en limpiar su jardín; en limpiar sus pensamientos. Muy similar expuso James Allen; *"men do not attract what they want, but what they are"*. Usted es el que crea su carácter, moldea su vida y crea su destino. Todo ser humano se encuentra en donde está por la ley de su propio ser. Los pensamientos, los cuales han creado su carácter, lo han llevado a ese lugar.

¿Nunca ha estado en un lugar en donde no se encuentra cómodo(a) o en armonía? En muchas ocasiones decimos, 'este lugar tiene malas vibras', mientras que su compañero(a) no 'siente' dicha emoción desagradable—aun ambos habituando el mismo lugar ante la misma circunstancia. Esto se debe a que su estado mental no está en armonía con su medio ambiente, una persona con pensamientos ambiciosos, egoístas, no sentirá armonización dentro de un lugar en donde las personas tienden a cooperar y ayudar el prójimo, de la misma manera que una persona con pensamientos positivos y altruistas no se sentirá en armonía en un ambiente egoísta. Muy semejante sucede con los deseos de una persona, son gratificados sólo cuando armonizan con sus pensamientos y acciones. Queremos felicidad y alegría, pero no tenemos la valentía de conocernos y cambiar nuestras actitudes que modifican nuestro carácter. Tampoco estamos dispuesto a modificar nuestra actitud ante las condiciones. *"Men are anxious to improve their circumstances, but are unwilling to improve themselves; they therefore remain bound"* (Allen, 2010, p. 12).

Deseamos bajar de peso, pero no cambiamos nuestras actitudes ante la situación. Una persona con medios, puede estar dispuesto gastar grandes cantidades de dinero para reducir su grasa corporal, pero hasta que no modifique sus actitudes, ante el reto de bajar de peso, será muy complicado alcanzar dicho desafío. Es por eso, que los logros en la vida surgen por el sacrificio. En muchas ocasiones pensamos que la diversión y momentos de ocio producirán la felicidad que tanto deseamos.

Lo que no percibimos es; que no adquirimos hábitos saludables e instrumentalmente significativos—lecciones sobre el mundo real y conocimientos que nos ayudarán a lidiar con problemas inesperados—por medio del placer constante de la diversión. "La diversión puede ser el postre de nuestra vida pero nunca el propósito principal" (Kushner, 1986, p. 46). ¿Nunca—el lector—se ha preguntado cómo una enfermedad, siempre y cuando no muy severa, puede enseñarle a una persona cambiar su estilo de vida; su alimentación luego de la enfermedad? ¿O cómo una persona criada en una situación financiera limitada valora y obtiene una noción realista en cómo utilizar su dinero? (Kushner, 1986). Luego de una enfermedad la persona adquiere buenos hábitos; y un individuo que tiene que luchar por su pan de cada día crea hábitos inteligentes en cómo usar sus recursos limitados. Una vida dedicada de fiesta en fiesta muy improbable creará hábitos significativos.

> *"There can be no progress, no achievement without sacrifice…"* (Allen, 2010, p. 26).*"Intellectual achievements are the result of thought consecrated to the search for knowledge"* (p. 27).

Un 'adinerado' puede sentirse condenado mientras que un 'pobre' puede sentirse bendecido por lo que ambos poseen. La bendición y la riqueza se juntan cuando las riquezas son usadas de forma justa e inteligente (Allen, 2010, p. 15). Por tanto, la felicidad, la salud y una vida próspera, son el resultado de una mente en armonía con su medio ambiente. ¿Estás cultivando realmente los pensamientos adecuados en tu jardín psicológico?

FOTOGRAFÍAS

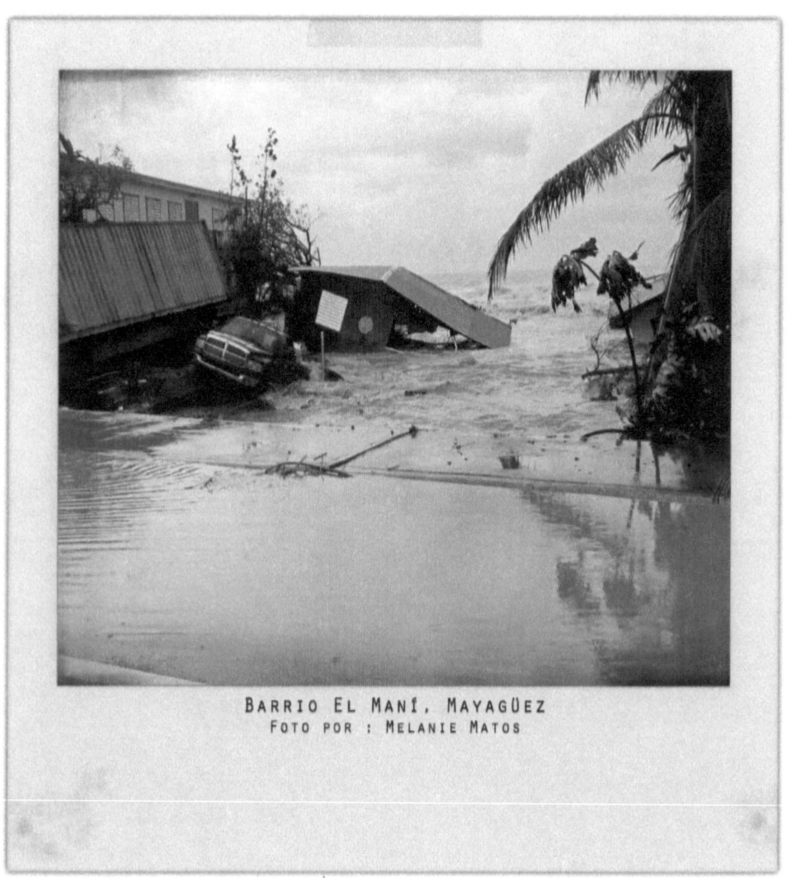

BARRIO EL MANÍ, MAYAGÜEZ
FOTO POR : MELANIE MATOS

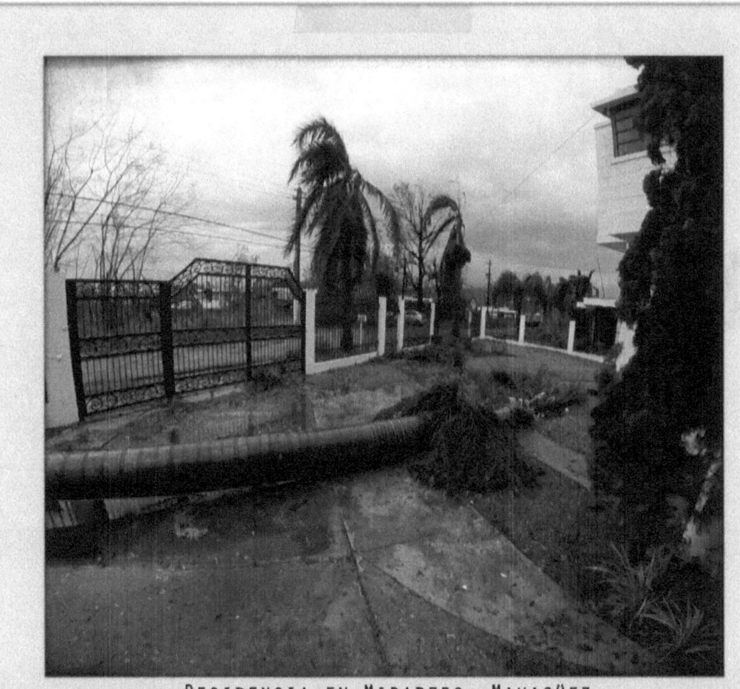

RESIDENCIA EN MIRADERO, MAYAGÜEZ
FOTO POR : CHRISTIAN VALENTÍN

La lucha por la gasolina días luego del huracán
Foto por : Melanie Matos

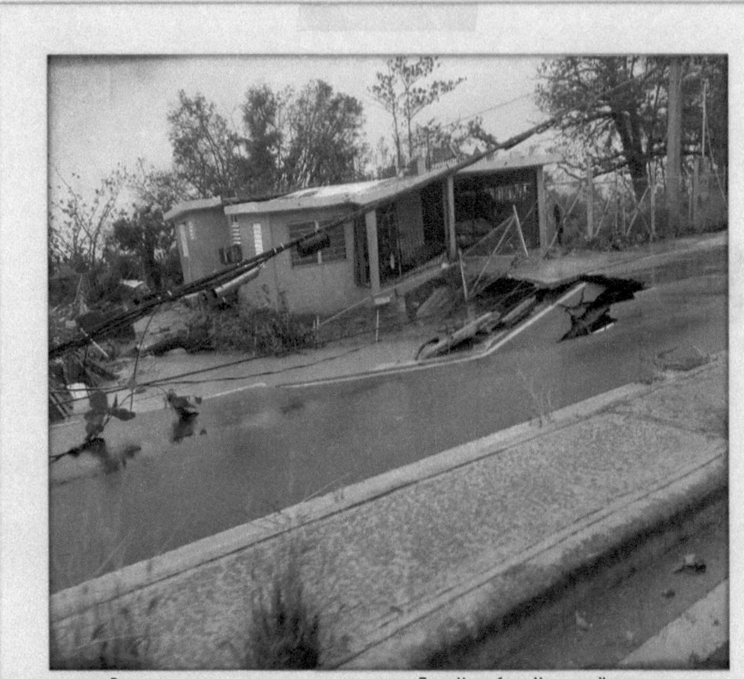

Residencia en el barrio El Maní, Mayagüez
Foto por : Melanie Matos

CALLE POST, MAYAGÜEZ
FOTO POR : MELANIE MATOS

Pueblo de Mayagüez
Foto por : Melanie Matos

PARTE II

El cerebro, psicología y felicidad

"Si deseas saber cómo fueron tus pensamientos, observa tu cuerpo ahora. Si deseas saber cómo será tu cuerpo en el futuro observa tus pensamientos actuales."

(Chopra & Tanzi, 2014, p. 36)

Capítulo 7

¿Cómo mis pensamientos afectan mi cuerpo?

"We cannot instantly change our emotions, but we can change our actions. And when we change our actions, we will automatically change our feelings"

-William James

Como muy bien afirmó William James, no podemos cambiar nuestras emociones de manera súbita, pero sí podemos cambiar nuestras acciones, y cuando cambiamos las actitudes, automáticamente alteramos nuestras emociones. Es decir, un hombre no puede escoger directamente sus circunstancias, pero él puede escoger sus pensamientos, por tanto, indirectamente puede modificar sus circunstancias. No podemos negar el hecho que María cambió las circunstancias de los puertorriqueños, pero si escogemos los pensamientos correctos, indirectamente, podemos moldear nuestro entorno. "El fracaso es inevitable, por lo tanto, en algún momento experimentaremos un momento estresante. Lo que necesitamos es aprender a lidiar y manejar el estrés y reducir su intensidad" (Anshel, 2016, p. 65).

Un evento por si solo no es estresante, por tanto, lo que hace agobiante un evento es nuestra interpretación ante el suceso. Promover emociones y pensamientos de carácter positivo son de vital importancia para impulsar el crecimiento personal y el bienestar en la calidad de vida de un individuo. Debemos reconocer que nuestras emociones no cesarán hasta el día que dejemos de existir. ¿Qué es lo que produce nuestras emociones y por qué nuestro comportamiento depende muchas veces de nuestro medio ambiente? Mucho tiempo atrás, 500 a.c., distintas conclusiones sobre dónde se producía el comportamiento humano preocupaban a diferentes eruditos, así lo fue para Alcmeón de Crotona. Él localizaba los procesos mentales en el cerebro, dicha hipótesis se conoce hoy como; *"brain hypothesis"*. Por el otro lado, Empédocles dedujo que nuestro comportamiento se originaba en el corazón, lo que podríamos considerar como; *"cardiac hypothesis"* (Kolb & Whishaw, p. 4). Ambas hipótesis fueron debatidas alrededor de dos mil años. Aristóteles tenía un buen conocimiento sobre el cerebro, y se dio cuenta que los humanos tenían, entre todos los animales, el cerebro más grande en relación a su tamaño corporal. Sin embargo, Aristóteles, dedujo el corazón—al ser activo y tibio—como la fuente de los procesos mentales, mientras que el cerebro—al ser frío e inerte—funcionaba como un radiador para enfriar la sangre[8](p. 4-5). No fue hasta que Hipócrates, considerado el padre de la medicina, se percató que cuando se aplicaba presión en el cerebro causaba sensación de movimiento y hasta la muerte, mientras que

[8] Hoy conocemos que la sangre, contrario a lo que dedujo Aristóteles, enfría el cerebro. (Kolb & Whishaw, p. 5).

presión en el corazón causaba dolor pero, no detenía un comportamiento voluntario (p. 5).

Aunque hoy entendemos que tanto el comportamiento y las emociones se encuentran en el encéfalo, acostumbramos a decir; 'mi pareja me rompió el corazón' o 'estoy tan molesto que la sangre me hierve', su origen proviene de la teoría cardiaca o *"cardiac hypothesis"*, de la antigua Grecia. Nuestro cerebro lo podemos visualizar como tres en uno y cada uno con distintas funciones. (1) La inteligencia mental de la corteza cerebral, (2) la inteligencia emocional del cerebro límbico y (3) el comportamiento inteligente del cerebro básico (Beauport & Diaz, 2002, p. XXXI).

- *La inteligencia mental de la corteza cerebral* conlleva lo que se conoce como la inteligencia racional. La inteligencia racional es el proceso en el cual percibimos información a través de conexiones en secuencia, envolviendo principalmente el uso de la razón, lógica y causa y efecto.
- *La inteligencia emocional del cerebro límbico* involucra la inteligencia de afecto[9]. Esta inteligencia es el proceso de sentirnos afectados por algo (por ejemplo; el huracán María) o por alguien; desarrollando la habilidad de cercanía con una persona, lugar, objeto, idea o situación.
- *El comportamiento inteligente del cerebro básico* integra la inteligencia básica. La inteligencia básica es la habilidad de movernos hacía o alejarnos de algo; es decir, estar dispuestos de imitar o impedir

[9] *"Affectional Intelligence"*

alguien o algo de parte de nosotros mismo o de la vida de otras personas.

(Beauport & Diaz, 2002, p. XXXI).

¿Pero cómo todo esto se relaciona a mis emociones, mi diario vivir y mi calidad de vida?

> *"Without our conscious participation we would have billions of cellular bodies compacted together with life but without synapses, without connections"* (Beauport & Diaz, 2002, p. 7).

Nosotros creamos las conexiones. También creamos los impulsos que cruzan el espacio sináptico, de tal modo aumentando la inteligencia (Beauport & Diaz, 2002, p. 7). Aun hoy, en el siglo XXI, algunas personas piensan que el cerebro funciona similar a una computadora. También el famoso "dicho que las personas sólo suelen usar 10% del cerebro. Literalmente es falso" (Chopra & Tanzi, 2014, p. 16). "En el caso de un adulto saludable, la estructura neuronal opera al máximo de su capacidad todo el tiempo" (p. 16).

> "Como *líder*, las órdenes que le da al cerebro son distintas a los comandos mecánicos de una computadora (como "eliminar" o "ir al final de la página", los cuales han sido programados en la máquina). Dichas órdenes son captadas por un organismo vivo que cambia cada vez que recibo una instrucción. Si pienso: "Quiero los mismos huevos con tocino que comí ayer", el cerebro no cambia en absoluto.

> Pero si en vez de eso pienso: "¿Qué desayunaré hoy? Quiero algo nuevo", de pronto tengo acceso a una reserva de creatividad" (Chopra & Tanzi, 2014, p. 17).

Sigmund Freud, a través de una serie de experimentos en Viena, utilizando peces y crustáceos, llegó a la conclusión que el cerebro, similar a otras partes del cuerpo, estaba compuesto de muchas células separadas (Carr, 2010, p. 19). Luego extendió su teoría sugiriendo que el espacio entre células—lo que él llamó *"contact barriers"*—tenía un rol esencial gobernando las funciones de la mente, moldeando nuestra memoria y pensamientos (p. 19). "El grueso de la obra de Freud y casi todo su linaje intelectual se construyó sobre una trama psicológica, desligada en gran medida de la fisiología cerebral. Sin embargo, también se ocupó—en idas y venidas durante el curso de su vida—de forjar una teoría de los procesos mentales fundada en el cerebro" (Sigman, 2017, p. 125).

"De forma análoga, la observación de la estructura y el funcionamiento del cerebro y su maraña de neuronas es un camino natural para quien quiere entender los contornos del pensamiento. Sigmund Freud, extraordinario profesor de neuropatología, conocía en detalle—al menos tanto como era posible en aquel momento—la composición material del cerebro" (p. 125). "Agregó, además, que las partículas constitutivas de la materia psíquica son las neuronas. Esta última conjetura revela una magnífica intuición de Freud raramente reconocida" (p. 125).

Es decir, somos una recolección de neuronas y neurotransmisores; como la serotonina, la dopamina y la oxitocina interactuando entre sí. Pero el hecho de reconocer que tanto nuestros pensamientos como las emociones son el funcionamiento y las conexiones alrededor de 86 billones de neuronas,—como expuso Suzana Herculano-Houzel en el 2013 (Livio, 2017, p. 119)—estas emociones pueden afectar nuestro órganos viscerales[10]. Desde hace mucho tiempo, los médicos han entendido que el cerebro límbico gobierna nuestras emociones (Beauport & Diaz, 2002, p. 87).

Nuestros pensamientos, directamente, no pueden afectar los órganos viscerales. Pero nuestros pensamientos alteran nuestras emociones y las emociones sí afectan nuestros órganos internos. Los órganos internos son gobernados, involuntariamente, por nuestro sistema nervioso involuntario o automático. O sea, los músculos de nuestros órganos no responden a nuestros pensamientos. Los estados de ánimo, las emociones y los sentimientos, son los que regulan las relajaciones y contracciones de todos los órganos de nuestro cuerpo (p. 87). Cuando estamos enojado o ansioso y sentimos contracciones en el estómago o en el corazón, muchas veces pensamos que se debe a 'estrés' o 'tensión', en vez de comprender que son el resultado de las emociones (p. 87). Las emociones son "vibraciones del cerebro límbico, de la misma manera que el pensamiento y la imaginación es la vibración de la corteza cerebral" (p. 88). En otras palabras, todo lo que piensas, sea positivo o negativo, afectará tu estado de ánimo y tus emociones, y esas emociones y sentimientos afectan directamente a los órganos internos. Los estados de ánimo son para la salud como el pensamiento en la planificación, ¡necesarios! (p. 88).

---

[10] Órganos viscerales - nuestros órganos internos como el corazón, los pulmones, el hígado, páncreas o los intestinos.

Cuando vemos el sistema límbico—o las emociones—como una fuente de energía a nuestros órganos internos, tenemos que ver las emociones desde otro punto de vista, (p. 93) ya que, si no aprendemos a controlar y manejar nuestras emociones, inconscientemente, estamos brindando una energía que no es saludable a nuestro cuerpo. Todos tenemos la inteligencia emocional, la capacidad "que nos ayuda a comprender las propias emociones, la capacidad de saber ponerse en el lugar de otras personas y la capacidad de conducir las emociones de forma que mejore la calidad de vida" (Martin & Beck, 2014, p. 21).

El cuerpo es el sirviente de la mente. El cuerpo obedece las operaciones de la mente, ya sean los pensamientos deliberadamente escogidos o automáticos (Allen, 2010, p. 19). Las personas que viven con el miedo de enfermarse son los que suelen enfermarse. La ansiedad debilita el cuerpo, y hace susceptible la entrada de enfermedades. Por ejemplo, las personas catalogadas como *"Type A Behavior Pattern"* se reconocen por su carácter excesivamente competitivo, impaciente y hostiles. Friedman y Rosenman estudiaron este tipo de persona para conocer si existe una correlación entre las personas de Tipo A y el riesgo coronario (Halonen & Santrock, 1996, p. 507).

> *"People who are hostile or consistently turn anger inward, it turns out, are more likely to develop heart disease. Such people have been labeled "hot reactors," meaning they have intense physiological reactions to stress—their hearts race, their breathing quickens, and their muscles*

tense up—which could lead to heart disease" (Halonen & Santrock, 1996, p. 507).

Pensar de manera optimista y evitar pensamientos negativos es, generalmente, una buena estrategia cuando se trata de lidiar con el estrés eficientemente. Un estado de ánimo positivo mejora nuestra habilidad de procesar información de manera eficiente, nos motiva a tener un comportamiento altruista y nos ayuda a subir nuestra autoestima (Halonen & Santrock, 1996, p. 515).

Una persona ante emociones negativas y un alto nivel de estrés suele cometer más errores en la planificación, en comparación con un individuo con una mente calmada (Mullainathan & Shafir, 2013, p. 83). Una mente calmada es una mente sabia. La persona calmada, ha aprendido cómo gobernarse así mismo, conoce cómo adaptarse al ambiente y hacia los demás (Allen, 2010, p. 33). ***Autocontrol*** es fuerza; pensamiento correcto es superioridad; una mente calmada es ***poder*** (p. 34).

Capítulo 8

¿Por qué tenemos lujos?

"Si uno tiene una razón por la que vivir, lo puede soportar casi todo"

-Friedrich Nietzsche

"La resiliencia es la capacidad de una persona para adaptarse con éxito al estrés, el trauma o la adversidad" (Manes, 2015, p. 217). No hay duda que nosotros los puertorriqueños tenemos esta capacidad que tanto necesitamos ante María. Por esa razón este libro se enfocó en cómo podemos conocer nuestra mente para vivir mejor. El texto ha comenzado presentando, desde el punto de vista de la psicología evolutiva, cómo el puertorriqueño volvió a un comportamiento primitivo enfocado en la cooperación con sus compañeros. También se argumentó, cómo el sentido a nuestro diario vivir se esfumó cuando se cortó, de manera súbita, el uso de la tecnología.

Ahora, ¿por qué el ser humano se interesa por lujos, o desde cuándo fue el interés del *Homo sapiens* en almacenar objetos que desea usar en un futuro? ¿Por qué en muchas ocasiones deseamos abundancia de bienes?

El diario vivir de nuestros cazadores-recolectores, hace veinte mil años atrás, no se diferencia a mayor escala a las personas que residen en algunas partes del mundo, como lo es en Somalia, África. Antes de la era Neolítica, lo que también se conoce como la revolución agrícola (Shermer, 2008, p. 249), los cazadores-recolectores se dedicaban a viajar de lugar en lugar en busca de alimentos y provisiones. Estos nómadas vivían en condiciones climatológicas sumamente distintas a la actualidad. La historia de la agricultura comenzó con una comunidad que se conoce como los *Natufians*. Ellos residían en el mediterráneo oriental, en lo que es hoy Israel, Jordan, Siria y Líbano (Lent, 2017, p. 104).

Durante la última era de hielo, hace alrededor de 20,000 años, los *Natufians* buscaban alimento en pequeños grupos o bandas de quince a cincuenta personas, cazando animales y recolectando nueces y semillas, en lo que era para ese tiempo un paisaje de árboles. Tan pronto el clima comenzó a calentarse, diferentes tipos de árboles comenzaron a dar diferentes frutos y alimentos. Gradualmente los *Natufians* realizaron 'algo' que ningún otro humano había pensado: se establecieron en un solo lugar[11] (Lent, 2017, p. 104). En vez de viajar constantemente en busca de alimento ahora podían establecerse en un solo lugar. Gracias al cambio climatológico y al nuevo ecosistema, los *Natufians* comenzaron a construir chozas de madera y piedra. Este estilo de vida se conoce como *"Sedentism"*. El sedentarismo es el nombre dado al estilo de vida de las personas que vivían permanentemente en la misma región, y es considerado uno de los más importantes pasos de la prehistoria (Lent, 2017, p. 104-105).

---

[11] Lo que también se denomina como la vida sedentaria.

La vida de los nómadas tenía muchas desventajas; el trabajo que tomaba montar y desmontar los campamentos, las dificultades para los ancianos, los niños y las mujeres embarazadas para sobrellevar este estilo de vida. Pero una vez una comunidad se establece y tiene una vida sedentaria, sucede algo que aún es parte de nuestro comportamiento en el siglo XXI. Ahora, en la comunidad sedentaria, las cosas materiales adquieren una nueva importancia. Mientras los nómadas llevaban una vida "en la calle" (como un artista de 'rock' en una gira mundial), no era beneficioso adquirir cosas que no fueran necesarias en el diario vivir. Por una razón; mientras más objetos y bienes adquieran, entonces tendrían que cargar con este equipaje a todas partes, ocasionando un diario vivir más agotador y peligroso para la supervivencia.

Pero con una vida sedentaria los *Natufians* pueden recolectar más alimento de lo que pueden consumir en un solo día, y no sólo eso, ahora tienen chozas y residencias para almacenar estos recursos que se utilizarían en un futuro. El presente comenzó a tener una función menos significativa—contrario a los nómadas que se preocupaban en qué iban a comer *hoy*—, la comunidad sedentaria comenzó almacenar objetos que no necesitaba en el presente, pero quizás sí en un futuro. Estas son las ideas revolucionarias que ocurrieron en los grupos sedentarios, los cuales los nómadas nunca consideraron (Lent, 2017, p. 105). Estos grupos comenzaron a planificar el futuro, y la acumulación de las propiedades llevó a la inevitable desigualdad entre las personas (p. 105). Una persona que trabajaba fuerte para recolectar alimento no estaría dispuesta a cooperar con una persona que estuvo todo el día acostado en su choza. Esto es lo que el antropólogo Alain Testart llamó "un cambio de ideología" (p. 105).

> *"...[T]he end of the last ice age, we have bows and arrows, domesticated animals, the origin of agriculture, sedentary life, metallic weapons, cities, police forces, taxes, exponential population growth, the Industrial Revolution, and nuclear weapons"* (Sagan, 1997, p. 131).

La vida sedentaria, podríamos concluir, fue uno de los sucesos que dio lugar a nuestro comportamiento de adquirir lujos y artículos que no necesitamos de urgencia en el presente. Ahora, ¿eran más felices (o infelices) los nómadas, que no se interesaban por objetos innecesarios, que nosotros que vivimos en un mundo centrado en el consumerismo? ¿Soy más feliz si adquiero el celular de último modelo que si me conformo con un modelo obsoleto?

Hoy día sabemos que la felicidad duradera proviene de la reacción a la serotonina, la dopamina y la oxitocina (Noah, 2014, p. 426). "Los biólogos sostienen que nuestro mundo mental y emocional está regido por mecanismos bioquímicos modelados por millones de años de evolución. Como todos los demás estados mentales, nuestro bienestar subjetivo no está determinado por parámetros externos como el salario, las relaciones sociales o los derechos políticos. Está determinado, en cambio, por un complejo sistema de nervios, neuronas, sinapsis y varias sustancias bioquímicas" (Noah, 2014, p. 422). ¿Nos da 'felicidad' ir de crucero, comprar gafas de moda, encontrar un nuevo amor? "A la gente le hace feliz una cosa, y sólo una: sensaciones agradables en su cuerpo" (p. 422). Cuando subes a un crucero lujoso, cuando te miras al espejo con tus nuevas gafas de moda, "reaccionas a varias hormonas que recorren tu torrente sanguíneo, y a la tormenta de señales eléctricas que destellan en diferentes partes del cerebro" (Noah, 2014, p. 422). La evolución proporcionó sensaciones placenteras con un objetivo; por el bienestar de la especie. Cuando pensamos que seremos felices; porque en una semana iré a las Filipinas y contemplaré el volcán Pinatubo; o porque seré el gerente de una compañía millonaria, en realidad lo que busco es el aumento bioquímico en mi cerebro. "Si el sexo no estuviera acompañado de este placer, a pocos machos le preocuparía" (p. 422) ir de costumbre a consumir bebidas alcohólicas con la esperanza de una noche erótica. "Si los orgasmos duraran siempre, los felicísimos machos morirían de hambre por falta de interés en la comida, y no se tomarían la molestia de buscar otras hembras fértiles" (p. 423).

> *"We are hungry and horny because, ultimately, the survival of the species depends on food and sex, and those organisms for whom healthy foods tasted good and for which sex was exquisitely delightful left behind more offspring"* (Shermer, 2004, p. 8).

Lo que sí conocemos hoy día es, que cada persona tiene un "punto de partida diferente de felicidad", y que es determinado por nuestros genes y modificado por nuestro medio ambiente (Shermer, 2008, p. 154).

"Las personas a las que se les diagnostican enfermedades crónicas como la diabetes, suelen deprimirse durante un tiempo, pero si la enfermedad no empeora se adaptan a la nueva situación y valoran su felicidad tan alta como la gente sana" (Noah, 2014, p. 418).

Por tanto, hay personas que por naturaleza son más felices (o menos felices) que otras independientemente de sus bienes económicos.

"Happiness is a subjective state of well-being that depends on relative frame of reference, grounded in an evolved psychology that find meaning in the simple social pleasures and purpose of life" (Shermer, 2008, p. 158).

"Las emociones actúan como un mecanismo de alerta al cerebro cuando el cuerpo está fuera de balance" (Shermer, 2008, p. 155). "Sin embargo, el hallazgo más importante de todo es que la felicidad no depende realmente de condiciones objetivas, ni de la riqueza, la salud o incluso la comunidad. Depende, más bien, de la correlación entre las condiciones objetivas y las expectativas subjetivas" (Noah, 2014, p. 419). Cuando las cosas marchan bien las expectativas aumentan. Mientras Puerto Rico marchaba de forma usual, teníamos expectativas que la vida nos diera lo que teníamos esperado. Ahora, ante el paso de María, estas expectativas se han disipado. "Profetas, poetas y filósofos se dieron cuenta hace miles de años que estar satisfecho con lo que se tiene es mucho más importante que obtener más de lo que se desea" (p. 419).

"El desafío de saber de qué se trata la felicidad ya existía en disciplinas humanísticas como la filosofía desde tiempos de Aristóteles; también se ha manifestado en el pasado inmediato y emerge cada vez más en el presente ligada a las ciencias sociales" (Manes, 2015, p. 140). Y lo más interesante de todo es que la investigación moderna llega a la misma conclusión a la que llegaron los antiguos pensadores, y debemos sentirnos afortunados que hoy día tenemos acceso a estos grandes escritos que podemos leer en cualquier momento (Noah, 2014, p. 420).

Nos hemos enfocado en utilizar nuestro tiempo—y energía—en buscar aquel gran desafío—objeto, relación amorosa—que pensamos que nos dará la felicidad absoluta, al punto que hemos olvidado aquel detalle minimalista que es responsable de todas las bendiciones; *la vida.* La vida no tiene una sola solución, tiene soluciones, si tuviera una sola respuesta no tendríamos por qué levantarnos cada día. ¿Cuál fue tu propósito ante María?

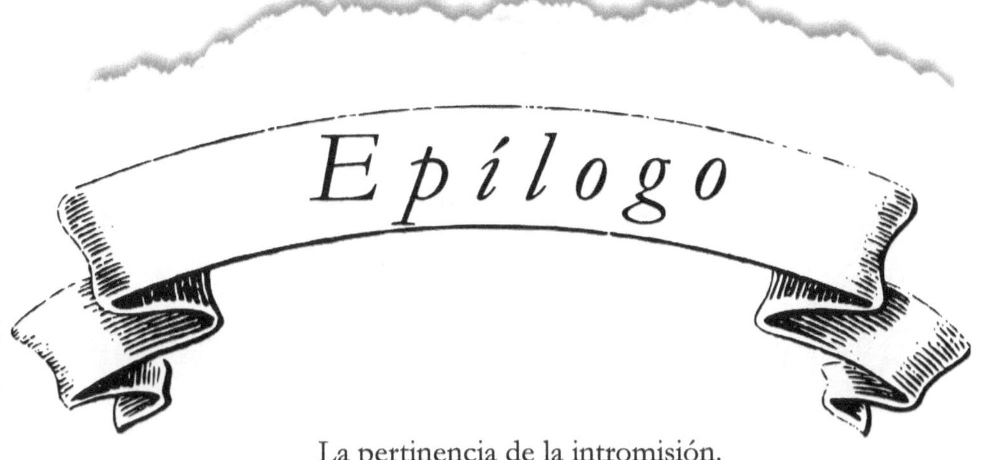

La pertinencia de la intromisión.

Conocer, indagar, descubrir, debería ser el objetivo de mayor importancia del ser humano, es por eso que decidí culminar el libro con varios ensayos para fomentar la curiosidad al lector.

Ensayo

I

¿Por qué debemos indagar?

"My greatest joy is when I learn something new"

-Jacqueline Gottlieb

Como muy bien expuso Aristóteles; "[p]or naturaleza todos los hombres tienen deseo de saber" (Badillo, 1974, p. 166), y el que no desea conocer es porque no ha vivido. Es por eso que abandonamos la universidad y luego nos percatamos que tenemos que saber de 'algo' para poder subsistir en una sociedad. Porque el que sólo tiene la experiencia sabe 'lo que pasa' pero no conoce 'por qué sucede' (Badillo, 1974). ¿Qué importancia tiene la curiosidad y por qué debemos estimular los deseos de indagar?

Albert Einstein, usualmente, se describía como una persona sin talentos especiales, sino como una persona pasionalmente curiosa (Livio, 2017, p. 4). Muy similar Leonardo da Vinci, elegantemente expresó su pasión por conocer nuevos horizontes escribiendo; "[n]ada puede ser amado o rechazado a menos que se conozca primero" (Livio, 2017, p. 12). El hecho de que vivimos en una era de información con acceso a una diversidad de investigaciones, libros, artículos; nos coloca en un panorama que debería ser primordial el deseo por conocer. Pero la realidad es, que muy pocos sienten este deseo. Investigaciones en el campo de la psicología y neurociencia, exponen la noción que, nos volvemos más curiosos cuando conocemos sobre un tema en específico, y esto nos hace sentir que aún resta un espacio en nuestro conocimiento (Livio, 2017), es decir, mientras más erudición adquirimos nos percatamos que aún nos queda mucho por conocer, mientras, el que no conoce absolutamente *nada*, deduce que ya lo sabe todo. ¿Es erróneo ser una persona ecléctica, con deseos de conocer sobre diferentes ramas?

Una persona curiosa, y con una preparación académica inusual, es Fabiola Gianotti (Livio, 2017, p. 140). Se concentró en literatura y música en sus años de escuela superior. A nivel universitario obtuvo un grado en música (piano). Gianotti, se considera, desde muy joven, como una persona curiosa. En la universidad se percató que la física le permitía contestar muchas preguntas que florecieron a temprana edad. En el 2012, Gianotti, terminó dirigiendo un equipo de 3,000 físicos, lo cual llevó al descubrimiento de la famosa partícula—The *Higgs boson*—popularmente conocida como la "Partícula de Dios[12]". En enero de 2016, ella se convirtió en la directora general en el acelerador de partículas más grande del mundo; *"The Large Hadron Collider"* (CERN), en Ginebra, Suiza (Livio, 2017, p. 141).

[12] El término "Partícula de Dios" surgió por la divulgación de un artículo redactado por un periodista, y no expuesto por la comunidad científica.

Como educadores debemos estimular a los jóvenes a promover la curiosidad. Los niños no suelen pensar como adultos inmaduros, sino que "son pequeños científicos descubriendo con placer las reglas del universo" (Sigman, 2017, p. 28).

> *"...[M]odern research suggests that curiosity may be essential for the proper development of perceptual and cognitive skills in early childhood. There is also little doubt that curiosity remains a powerful force for intellectual and creative expression later in life"* (Livio, 2017, p. 9).

La enseñanza lineal y metódica debería ser nuestro enemigo ante la educación. Muy claro lo plantea José Miguel Rodríguez Matos; catedrático de los cursos Ideas pedagógicas de Eugenio María de Hostos en el Departamento de Estudios Graduados de la Facultad de Educación de la U.P.R. "Lo lineal es metódico, lo metódico es dogmático, lo dogmático es privación de la libertad, la privación de la libertad para aprender es la antítesis del proceso creativo" (Rodríguez, 2013, p. 67). El objetivo de esta última parte del libro es, de inducir al lector a diferentes temas, y así crear una brecha en el conocimiento, con la intensión de promover la motivación por la indagación.

Por tanto, conocemos que no existe algo como la verdad absoluta, pero lo que sí podemos conocer es nuestra propia interpretación de la *verdad*, y, esa *verdad,* la encontramos por medio de la indagación y la refutación de lo que ya conocemos—o pensamos que conocemos. El verdadero conocimiento está en constante cambio, y abierto a la incertidumbre, a diferencia de lo dogmático y lo metódico, que permanece estático e irrefutable. Como expuso Karl

Popper, "[e]l aumento del conocimiento depende por completo de la existencia del desacuerdo".

E n s a y o

II

¿Somos realmente autores de nuestras acciones?

La psicología humanista se enfoca en la experiencia humana subjetiva (Coon & Mitterer, 2016, p. 26), es decir, "no son los eventos lo que atormentan a los hombres, sino las opiniones que tienen de ellas (Rosado, 2014, p. 210). Carl Roger, Abraham Maslow y otros humanistas rechazaron la idea Freudiana que establece que las fuerzas inconscientes nos gobiernan (Coon & Mitterer, 2016, p. 26). A diferencia del humanismo—que las personas pueden elegir libremente una forma de vida más creativa, significativa y provechosa (Coon & Mitterer, 2016, p. 26)—el determinismo de Freud lo niega alegando que el libre albedrío es una ilusión (Gutiérrez, 1982, p. 77-82).

Y no solamente Freud alega que el libre albedrío es un producto de la mente, "[a] lo largo del último siglo a medida que los científicos abrían *"la caja negra"* (así se le conocía al cerebro) fueron descubriendo que allí no había alma, ni libre albedrío, sino, solo genes, hormonas y neuronas que obedecen las mismas leyes físicas y químicas que rigen el resto de la realidad" (Noah, 2016, p. 312).

El libre albedrío saltó a la arena científica con un experimento fundacional de Benjamin Libet (Sigman, 2017, p. 129). Libet utilizó EEG para estudiar la actividad cerebral de la corteza motora. "El experimento de Libet se enfocaba en registrar el movimiento preciso en que los participantes sentían que tomaban la decisión de pulsar la tecla. Libet también registró la actividad muscular para conocer el momento preciso en que los participantes hacían uso de su supuesta libertad y pulsaban la tecla" (Sigman, 2017, p. 130). Benjamin encontró "una traza de actividad cerebral que le permitió identificar el momento en que una persona presionaría el botón medio segundo antes de que los propios autores de la acción reconociesen su intensión" (Sigman, 2017, p. 130). Recientemente registros de la corteza cerebral demostraron que las actividades de 256 neuronas eran suficiente para predecir un 80% de exactitud la decisión de una persona en presionar un botón 700 milisegundos antes que la persona se diera cuenta de su acción (Harris, 2012, p. 9).

"Cuando a la gente se le plantea estas explicaciones científicas, a menudo las apartan y señalan que ellos se sienten libres y actúan según sus propios deseos y decisiones" (Noah, 2016, p. 313). "Es cierto. Los humanos actúan según sus deseos. Es decir, si por libre albedrío se entiende la capacidad de actuar según nuestros deseos, entonces sí, los humanos tienen libre albedrío" (Noah, 2016, p. 313). Por ejemplo, cuando tenemos deseos de irnos de vacaciones escogemos, digamos, Venecia. ¿Por qué escogimos Venecia y no Austria? ¿Por qué prefiero estudiar Psicología en vez de Literatura? "No elijo ninguno de estos deseos. Siento que un deseo concreto aflora en mí porque ésta es la sensación que los procesos bioquímicos crean en mi cerebro" (Noah, 2016, p. 313*). "Yes, you are free to do what you want even now. But where did your desires come from?"* (Harris, 2012, p. 41). Esta hipótesis demuestra que no elegimos los deseos. "Solo los siento, y actúo en consecuencia" (Noah, 2016, p. 315). Si soy realmente dueño de mis pensamientos y decisiones, ¿puedo pensar absolutamente nada en los próximos sesenta segundos? Pruébelo y verá qué ocurre (Noah, 2016, p. 316).

Ahora bien, afortunadamente hubo sabios que profundizaron en estos hechos y repitieron los experimentos con observaciones mucho más agudas y llegaron a una conclusión que refuta el determinismo de Freud. "La meta del Existencialismo reside en alentar al cliente al reflexionar sobre su vida y el deseo por el significado, reconocer las alternativas o posibles selecciones y tomar una decisión entre estas" (Rosado, 2014, p. 197). "El existencialismo es un enfoque filosófico que centra su énfasis en la existencia humana y sus preocupaciones" (Rosado, 2014, p. 191). "Teóricos como Viktor Frankl, son figuras contemporáneas cruciales en el enfoque Existencial. Viktor Frankl creó la Logo terapia o la terapia del significado, dentro de este enfoque, a raíz de sus vivencias en los campos de concentración Nazi" (Rosado, 2014, p. 197). En muchas ocasiones olvidamos contar nuestras bendiciones y solamente estamos conscientes de las desgracias. Y lo que realmente necesitamos, o mejor dicho darnos cuenta, es de cambiar nuestra actitud hacia la vida. "*It did not really matter what we expected from life, but rather what life expected from us"* (Frankl, 2004, p. 62).

"La vida significa tomar la responsabilidad de encontrar las contestaciones adecuadas de los problemas que se nos presenta en nuestro diario vivir" (Frankl, 2004, p. 62). Y si la vida nos lleva al sufrimiento, entonces deberíamos aceptar esta emoción desagradable como parte de nuestra tarea, y reconocer que hasta en el sufrimiento somos únicos en este lugar en el universo. Por tanto, no hay un sentido objetivo en la vida, es decir, sólo hay sentido cuando encontramos una tarea gratificante, significativa en un momento de nuestra existencia. Y esta tarea debe conllevar tanto la prosperidad individual y colectiva. Cuando no podemos cambiar una situación, entonces somos retados a cambiar nuestras actitudes ante esa situación. William James asevera que, *"My first act of free will shall be to believe in free will"* (Duhigg, 2012, p. 272).

Ensayo
III

¿Qué tan bien te conoces?

Es interesante percatarse que el hombre posee más erudición sobre los demás que de sí mismo. "El hombre conoce con más precisión las remotas galaxias y las partículas cuánticas, "invisibles", que componen el universo que sobre el comportamiento humano" (Sperling, 1957, p. 3). ¿Por qué sentimos que es más complicado escribir o hablar de nosotros mismo que de un compañero? Desde muy joven me percaté, y me pareció fascinante, de tener la capacidad de examinar nuestra propia mente, lo que hoy conocemos como introspección. A través de los años, por medio de lecturas, aprendí que los problemas que tenemos hoy día, como, por ejemplo; olvidar reconocer que podemos controlar nuestros pensamientos, han estado presente desde los grandes pensadores de la época minoica en Creta, Grecia.

La razón principal de por qué podemos escribir de los demás, y no de nosotros mismos, es que hemos tenido miedo de nosotros mismos. Y la causa de este miedo no ha sido por voluntad propia, ya que desde temprana edad hemos sido adoctrinados por ciertos dogmas educativos y culturales para ser funcionales en una sociedad moderna. Pero no se nos enseña el objetivo principal; de cómo controlar nuestra mente para tener una mejor calidad de vida y bienestar personal. Se nos enseñó religión, pero no qué es una mente inestable, tampoco cómo entrenar la mente para evitar la agitación mental. Nos educaron para trabajar, pero lo que no se nos enseñó fue que, en la vida el fracaso es inevitable, por lo tanto, en algún momento experimentaremos esta experiencia frustrante. Desde temprano en la juventud escuchamos que es un deber el matrimonio en la vida, que debemos procrearnos, que debemos atarnos a una persona y así evitar morir en pura soledad. Todo porque creemos que estar solo será el peor error de nuestra vida. Pero muy pocas veces escuchamos: "estudia y descubre tu propia *verdad*". No muchos queremos estar solo, porque cuando estás solo empiezas a descubrirte, el cual a muchos le causa miedo. Por esta razón estamos constantemente distraídos con el mundo o con nuestros compañeros. Muy pocos se dan cuenta que conocerse a sí mismo es la mejor manera de luego dejar entrar a una persona. Pero mientras no te conozcas a ti mismo estarás en busca de otra persona para evitar escuchar tu propia mente, tu personalidad y tu verdadero 'yo'. ¿Por qué la gente tiene miedo de lo que los demás piensen o hablen de ellos? Porque su conocimiento de sí mismo depende de la opinión de sus compañeros, no se conocen ellos mismos, no han tenido tiempo para escuchar su propia mente en la valentía que conlleva la soledad.

***

Deseamos seguridad emocional, aunque de todas formas continuemos pensando y planificando qué pasará en el futuro. Deseamos el móvil de último modelo, aunque funcione perfectamente el que ya poseemos. *"A man is rich in proportion to the number of things which he can afford to let alone"* (Mullainathan, & Shafir, 2013, p. 86). ¿Y de dónde surgen todos estos deseos que sentimos como necesarios? La forma en cómo veo el mundo, qué es interesante o aburrido, depende de la relación que he tenido dentro de mi nicho ecológico social. "Mis opiniones políticas actuales, lo que me gusta y lo que no me gusta no reflejan mi auténtico yo. Reflejan más bien la educación que he recibido y mi entorno social. Dependen de mi clase social y están moldeados por mi vecindario y escuela" (Noah, 2016, p. 281). Aún en el presente desconocemos cómo realmente se forma o se desarrolla la personalidad de un individuo. Lo que sí conocemos es qué factores influyen de forma significativa en la personalidad de un individuo; como lo es su relación con sus padres, su sistema social y su herencia genética. "Aun individuos criados con un padre ausente en el hogar, el cual tiene una correlación con problemas como abandonar la escuela y tener hijos en temprana edad, no son causantes directo del problema" (Pinker, 2002, p. 386). *"No, it's not all in the genes; around half the variation in personality, intelligence, and behavior comes from something in the environment. But whatever that something is, it cannot be shared by two children growing up in the same home with same parents"* (Pinker, 2002, p. 387).

Ensayo

IV

El puertorriqueño y la educación en Puerto Rico

Aportación del negro a la cultura y educación del país

El *Homo sapiens* es el único animal racional, consciente de su breve existencia en un planeta que gira alrededor de una estrella, en un universo casi infinito, el animal espiritual, conocedor y consciente de su mortalidad. ¿A caso somos una especie 'especial' en todo el universo, como lo indica la teoría antropocéntrica, que el universo ha sido creado para el hombre? (De Unamuno, 2016, p. 51). Varias décadas atrás los sociólogos y psicólogos vieron el surgimiento de lo que se conoce como *"the age of anxiety"* (Meadow y Kahoe, 1984, p. 13), cuando los pensadores existencialistas indicaron que el hombre debe encontrar o crear por ellos mismo el sentido a la vida (Meadow y Kahoe, 1984, p.14), y no como se pensaba, que existe un fin o propósito en este universo. El hombre siempre buscará un patrón en el mundo natural, como expuso William James, en su libro; *"Las variedades de la experiencia religiosa"*, es por eso que existe la teleología la cual le asigna un propósito a todo lo que existe (Dawkins, 2006, p. 181), por tanto, continuarán las diferencias dentro de esta especie que el naturalista Carolus Von Linaeus clasificó como; *Homo sapiens* (Garn, 1969 p. 3), y que apareció hace unos 200,000 años (Briones, Fernández Soto, y María Bermudez de Castro, 2015, p. 27).

Bien sabemos que "el animal humano habita, al menos estacional o temporalmente, todos los continentes y casi todas las islas" (Coon, 1969, p. 17) en los que pueden encontrar lo necesario para sobrevivir. El concepto 'raza' "es un concepto zoológico que significa división de una especie" (Coon, 1969, p. 20). Somos una sola especie que se ha dispersado alrededor del planeta en diferentes grupos, y estos grupos se diferencian de los demás por rasgos físicos y taxonómicos lo cual se ha llamado como 'raza' (Garn, 1969 p. 3). Por esta razón, de manera escéptica no podemos "en este mundo dar una palmada en la espalda a una persona y decir: usted pertenece a tal y tal raza" (Coon, 1969, p. 23). "La 'superioridad' de la raza blanca sobre la negra no necesitan ser debatidas" (Arana Soto, 1976, p. 26) ya que como mencionaré a continuación, por medio de las ramas científicas como la biología y la evolución molecular, es irracional y carecen de alguna base científica. No fue hasta que "apareció la biología molecular en la segunda mitad del siglo XX" (Ayala, 2007, p. 68) se pensaba que "el principal vehículo de la descripción racial fue la apariencia física" (Coon, 1969, p. 28). El autor considera que la explicación para entender el problema del racismo, tanto en Puerto Rico como a nivel mundial, fue, el poco entendimiento de la naturaleza de nuestra propia existencia. La ausencia en el conocimiento científico fue, y aún considero que es, el mayor causante de discrimen en la sociedad. Porque como menciona el psicólogo y lingüista Steven Pinker, "problemas sociales como la violencia, el discrimen y la pobreza de un país son el resultado del fracaso de un sistema educativo" (Pinker, 2002, p. 308). La primera explicación racional que podemos disponer para entender por qué separar la humanidad por 'razas' debe ser considerado como un argumento irracional, se debe "que las características estereotípicas que distinguen a los grupos étnicos, tales como el color de la piel, el color y la textura del pelo, y los rasgos faciales, implican… que estos genes han evolucionado como adaptaciones en respuesta a diversos climas" (Ayala, 2007, p. 111).

Por ejemplo, la pigmentación de la piel, los grupos de personas que durante extensas generaciones que residieron en "latitudes bajas poseen genes que producen mayores cantidades de eumelaninas (melanina marrón y negra) que filtran la mayor parte de la radiación ultravioleta, protegiendo así a la piel del daño" (Ayala, 2007, p. 113). Mientras que en regiones donde estas personas vivían en "latitudes más altas, la selección natural ha favorecido genes que dan como resultado una piel pálida" (Ayala, 2007, p. 113). El término 'raza' muchas veces se ha utilizado para identificar grupos de personas con pensamientos que difieren con el resto de la población, como, por ejemplo, ideales políticos, creencias religiosas—como lo fue el gran genocidio durante el holocausto con los judíos—y por lenguaje. Cuando analizamos la diferencia entre una persona creyente o no creyente a dicho dogma religioso o político, lo único que podríamos considerar es su 'estado mental'. Las razas, por tanto, son unidades naturales y no la colección de características artificiales creadas por el mismo hombre para clasificar la población (Garn, 1969

p. 4). "El mito de una gran diferenciación genética entre 'razas' es justo eso, un mito sin respaldo científico (Ayala, 2007, p. 113).

Puerto Rico, al igual que otras naciones, sufrió—y aún sufre—el etnocentrismo, la consideración que sus capacidades e ideologías son básicamente mejor que las de cualquier otro grupo de personas (Brace, 2005, p. 204). "La completa historia del control de emigración es una ilustración de la generalización por el etnocentrismo" (Brace, 2005, p. 204). Aunque para los europeos que invadieron las Américas y las Antillas tenían como meta lograr un nivel básico de alfabetización—para así lograr adoctrinar a los nativos con sus creencias religiosas—el aumento en niveles intelectuales fue suprimido (Brace, 2005, p. 204). Nicolás de Ovando, durante el 1515 y 1518, sugirió que los esclavos importados tanto, a la Española como a Puerto Rico, deberían ser directos de África, ya que los esclavos importados de la península de Iberia o España ya conocían el idioma español, lo cual podría facilitar una rebelión entre ellos (Pons, 2008, p. 17-18).

Cuando Francisco Lando realizó un censo para el 1530 se percató que la población negra en Puerto Rico era mayor que la blanca, él determinó que la isla tenía alrededor de 1,503 personas de origen africano mientras que sólo 426 eran españoles (Pons, 2008, p. 17). Uno de los factores que influyeron en el aumento en la población de la raza negra en la isla fue que, "la corona española ordenó, en el 1526, que un tercio del envío de los esclavos fueran del género femenino para así facilitar la reproducción de los esclavos (Pons, 2008, p. 17). "[E]n Puerto Rico recibieron los esclavos mejor trato que en ningún otro país en América, incluyendo los de origen español" (Arana Soto, 1976, p. 11). Podemos entender, por medio de la literatura del negro en Puerto Rico, que este conjunto de personas fue, y continúa formando, un concepto sumamente influyente en nuestra historia, y así lo fue dentro del panorama intelectual y educativo del país.

Si bien el concepto de raza es subjetivo, aun cuando es aceptado generalmente, "evitaré, por su ambigüedad, el uso de la palabra 'raza' para adjudicar el negro a la piel, excepto en aquellas citas o alusiones de otros escritores" (Ramos-Perea, 2011, p. 2). Si comparamos los prejuicios 'raciales' en Puerto Rico con otros países podríamos deducir que "hay armonía racial en Puerto Rico, mucha más que en la mayoría de los países del mundo. Nuestra identidad cultural es tan fuerte que sobrepasa y suprime las separaciones raciales" (Arana Soto, 1976, p. 26). Por ejemplo, en Puerto Rico sólo hay negros en cuanto al color de su pigmentación de piel, pero por lo demás ya sea en tradiciones culturales, en creencias religiosas y lenguaje son españoles como los demás. "Un negro del Sur de los EE.UU. no podía votar por el solo hecho de ser negro... [u]n americano del Sur no suele sentar a su mesa un negro, aunque sea príncipe en su país, aunque sea millonario (Arana Soto, 1976, p. 13). Ese prejuicio racial tan marcado no existe en Puerto Rico. Lo que existe en Puerto Rico es lo que podemos llamar como prejuicio social. "Se prefiere sobre un blanco a otro blanco, si más limpio, mejor vestido, de mejores modales" (Arana Soto, 1976, p. 15). El autor considera que además del prejuicio social, también podríamos considerar una realidad el prejuicio burocrático o político. Arana Soto menciona que, "el prejuicio social en Puerto Rico va disminuyendo según se enriquece el país y mejoran las condiciones económicas de sus habitantes" (p. 16-17). Como hoy entendemos que lo que sucede en la isla, podríamos argumentar que es opuesto, sería racional deducir que el prejuicio social continuará presente en la sociedad puertorriqueña. Existe un libro que se basa en los prejuicios sociales en Puerto Rico, titulado *El Prejuicio Racial en Puerto Rico,* del Dr. Tomás Blanco, y como menciona Arana Soto, el texto concluye que "en Puerto Rico no hay tal prejuicio racial" (Arana Soto, 1976, p. 17). Como ya se mencionó, "[l]o que sí hay en Puerto Rico es desigualdad social, desigualdad cultural, ambas tanto entre blancos como entre gente de color…" (Arana Soto, 1976, p. 29).

En el 1969 el alemán Herber E. Warfel, quien era el superintendente de *Caribbean Consolidated Schools,* por medio de un discurso en el Club Rotario de San Juan, habló de la inferioridad hereditaria de la 'raza' negra (Arana Soto, 1976, p. 26). Este discurso fue el causante de su renuncia a dicho cargo. Si queremos que la isla de Puerto Rico no caiga en esta tragedia de problemas 'raciales' debemos asegurarnos de protegernos mediante la educación para así conocer la historia y los valores de nuestro país, y protegernos y librarnos del veneno social de la separación de las supuestas "razas" que el mismo *"Homo sapiens"* ha adjudicado.

"Poco o casi nada se ha dicho sobre los orígenes de la literatura escrita por negros en el Puerto Rico del siglo XIX. (Ramos-Perea, 2011, p. 2). La definición de escritores puertorriqueños negros del siglo XIX, según Harold Cruse, citado por Ramos Perea (2011), "como aquel grupo de intelectuales que pensó y escribió sobre su nación puertorriqueña y su circunstancia, sobre sí mismos y su sociedad, y cuyo color de piel era negro o mulato, libre o esclavo, y cuyas tareas literarias construyeron un corpus literario, en todos los géneros, que se manifestó en la prensa, en el escenario dramático o a través de ediciones independientes" (p. 4). "Durante el siglo XIX la literatura puertorriqueña negra se mantuvo marginal y su proyecto ideológico tardó mucho en revelarse" (Ramos-Perea, 2011, p. 5). No fue por los estrenos de Derkes, en el 1872, y hasta que se fundó la *Revista Obrera,* en el 1893, por Ramón Campos y José Ramos y Brans (Ramos-Perea, 2011), que los intelectuales de color fueron reconocidos por sus trabajos. Cuando estudiamos la historia—ya sea de Puerto Rico o de cualquier otra región del planeta—nos percatamos que cada generación se 'perfecciona' dependiendo de su evolución cultural o lo que se conoce como *"Zeitgeist"* o *"spirit of the times"* (Dawkins, 2006, p. 265). Ninguna sociedad es igual ya que cada sociedad está en una etapa evolutiva intelectual sumamente distinta de las demás—claro está—dependiendo de su educación, economía y factores contextuales. Es por eso que, "[c]on el tiempo se fue "tolerando" la inclusión de escritores evidentemente mulatos o pardos en los círculos sociales reformistas. Como, por ejemplo, las obras teatrales de José González Quiara…" (Ramos-Perea, 2011, p. 6).

El gran maestro Rafael Cordero, "un tabaquero negro fue la figura más atractiva en el campo educativo en el pasado siglo" (Zenón Cruz, 1974, p. 170), porque como menciona Arana Soto (1976) "aquí eran los negros los que sabían leer y escribir y fueron los negros, entre ellos, como ya sabemos, el maestro Rafael Cordero, los que le enseñaron a los blancos… (p. 12). Cordero desde sus primeros años conoció su amor y pasión para enseñar, "abandonaba los placeres propios de la juventud y se entregaba a la lectura de libros útiles y religiosos" (Rivera, 2010, p. 22). "Rafael Cordero no intervino en ningún proceso social o político que trascendiera sus capacidades magisteriales y no dejó escrita ninguna obra literaria" (Ramos-Perea, 2011, p. 7). No hay "duda de que pasaban en él sentimientos profundamente cristianos, humildes y virtuosos que convierten a este Maestro en beato, en un ser fuera de lo común, que ganó un espacio de reconocimiento y admiración por sus obras humildes y cristianas, más que por su color" (Ramos-Perea, 2011, p. 11-12).

Román Baldorioty de Castro, también conocido como 'la eminencia prieta', "ocupa un lugar importante en nuestra historia, tanto por su orientación abolicionista como por su labor académica" (Zenón Cruz, 1974, p. 171). Según Cayetano Coll y Toste, citado en (Zenón Cruz, 1974), describe a Baldorioty como un "educador radical y amable, más pegado de la sustancia del conocimiento que de sus formas, que en el seminario mismo enseñó la Física Nueva; que en Santo Domingo, país de costas, dirigió la Escuela de Náutica y fundó después, con nombre profético, el Colegio Antillano... (p. 171).

En el periódico Claridad, citado en Zenón Cruz (1974), aboga que Baldorioty de Castro "fue básicamente un maestro, no un político ni un revolucionario..." (p. 172). Aún hoy día Baldorioty es considerado "uno de los mulatos más capaces, más inteligentes y comprometidos con su país de todo el siglo XIX" (Ramos-Perea, 2011, p. 7). "Un ejemplar a seguir lo fue Lola Rodríguez de Tió, la primera mujer en escribir un libro en Puerto Rico titulado; "Mis cantares", en el 1876 (Acosta, 2013, p. 45), y su hija, Patria Tió, fue la primera puertorriqueña que obtuvo un Doctorado en filosofía y letras, graduándose de la Universidad de la Habana, en el 1892" (Acosta, 2013, p. 46). Tió luchó por la mujer marginada por nuestra historia, y, "exhortó a las mujeres puertorriqueñas a que ilustraran su inteligencia y se incorporaran al mundo de las profesiones" (Acosta, 2013, p. 46). Otra fémina que se distinguió en la defensa de la educación en la isla lo fue Ana Roqué de Duprey. Ofreció conferencias de astronomía en San Juan en donde asistían los más importantes intelectuales del momento (Acosta, 2013, p. 47), además de fundar el "Liceo Ponceño (1903), instituto normal particular, y el Colegio Mayagüezano" (Acosta, 2013, p. 47).

El "hijo natural reconocido de Don Alejandro Albizu, un comerciante vasco de Ponce y de una mestiza con sangre española, indígena y africana, llamada Juliana Campos" (Tovar, 1974, p. 103). Mientras que Puerto Rico era una nación políticamente dormida y resignada con su situación colonial, para el 1891 nace uno de los líderes más importante que ha tenido la Isla. Pedro Albizu Campos, que "vino al mundo en Ponce, estando la Isla todavía bajo la dominación española, y que con el cambio de soberanía sufrió de niño los efectos de la discriminación racial—porque su piel era oscura como la de su madre"— (Tovar, 1974, p. 103). "No obstante, Albizu Campos no tardará mucho en percatarse del problema planteado por Hostos" (Campos, 1977, p. 13).

Un gran ejemplo para Puerto Rico lo fue él, y más para la educación puertorriqueña, un modelo para dejarnos entender que bajo ninguna circunstancia ya sea política o económica debemos dejar atrás los deseos por alimentar nuestro intelecto. Invitado por la prestigiosa Universidad de Harvard, "recibió grandes distinciones de la Universidad y era el representante de su clase en los grandes acontecimientos. Dirigía el movimiento estudiantil en favor de Irlanda y de la India y fue fundador y presidente allí de los Caballeros de Colón y del "Cosmopolitan Club", encargado de recibir y atender a los estudiantes extranjeros" (Tovar, 1974, p. 104-105). Es de vital importancia recalcar y tener claro "que en ese momento histórico el Partido Nacionalista es una organización creada por un grupo de intelectuales preocupados por el problema de la asimilación cultural en Puerto Rico" (Campos, 1977, p. 17).

Otra figura ejemplar, la vida de Luis Felipe Dessus. "Negro nacido en Juana Díaz. Uno de los más importantes intelectuales y periodistas de esa región. Le ganan un espacio de suprema importancia en el desarrollo de las letras escritas por negros en el país" (Ramos-Perea, 2011, p. 9). "Muchos otros autores más conocidos y destacados por su labor en otras ramas de la cultura, como Ramón Marín, Pedro C. Timotheé, Arturo Schomberg y Francisco Gonzalo Marín, que fueron intelectuales, dramaturgos, académicos y periodistas, amplían esta nómina de autores puertorriqueños negros y mulatos del siglo XIX" (Ramos-Perea, 2011, p. 9-10). La educación era "para los blancos de todas clases y para los pardos y negros libres" (Badillo, 1986, p. 245-246). "[S]e prohibía a los esclavos aprender en las escuelas públicas; pero también es verdad que no se les niega ni se les amenaza que puedan instruirse por su cuenta como sucedía en las Trece Colonias, donde el solo hecho de que un siervo supiera leer y escribir daba lugar a castigos considerables…, [a] los esclavos únicamente les estaba permitido aprender los rudimentos de la religión católica, pero no por maestros sino por sus propios dueños" (Badillo, 1986, p. 246).

Ensayo

V

El concepto de muerte en la familia

El génesis ante el temor a la muerte

Tanto la muerte como el nacimiento son misterios para el hombre, nos preguntamos qué pasará luego de la muerte, pero no preguntamos qué había antes del nacimiento. Debemos entender que el asunto de la muerte debería ser un tema de gran vitalidad por razones obvias, "es el fin de la vida" (Langner, 2002, p. 2). Somos el único animal que planifica, el único ser en la Tierra que está consciente que no será eterno. "La muerte no es la antítesis de la vida, sino el nacimiento, la vida es el puente entre la muerte y el nacimiento" (Taub, 2013, p. 34). En este ensayo el autor se limitará a discutir el génesis del temor a la muerte y el duelo en la familia. Es sumamente aterrador reconocer que como seres humanos somos finitos; esta es la razón por qué la sociedad usa diferentes religiones para evitar o lidiar este temor (Meadow & Kahoe, 1984, p. 13). Como bien abogó el gran señor Miguel De Unamuno, que el "descubrimiento de la muerte es la pubertad de la espiritualidad" (De

Unamuno, 2016, p. 45). Mientras, que algunas personas encuentran sentido a sus vidas aceptando que somos entes finitos (Meadow & Kahoe, 1984, p. 14). Aunque una de las funciones principales de la religión es proveer comodidad, como bien menciona Pascal Boyer: *"[r]eligion explanations make mortality less unbearable & religion allays anxiety and makes for a comfortable world"* (Boyer, 2001, p. 5), no solamente lo es la religión como alega Freud en; *"Future of an Illusion"* (1957), *"if you take away religion, people will substitute something else"... creativity is one of the most effective ways of diminishing the fear of death, for both the individual and the society"* (Langner, 2002, p. 24). Emile Durkheim, citado por Robertson (1977), uno de los sociólogos más reconocidos por el estudio de la religión en una manera sistemática, menciona diferentes funciones de la religión; *"[t]he ritual also offer aid and comfort to the individual in moments of distress, especially at the time of death"* (Robertson, 1977, p. 370). *"Religion help people during such major events of the life cycle as puberty, marriage, and death"* (p. 371).

Como seres racionales estamos constantemente buscando un sentido a nuestra existencia y, el ser humano siempre estará inclinado a percibir con mayor atención a todo lo que percibe de una manera positiva o atractiva. Estas actividades son cruciales para continuar nuestra existencia, porque por lo general somos una especie—que como bien describía William James, en su libro; *"Varieties of Religious Experience"*—en busca de patrones significativos. Por tanto, el ser humano siempre encontrará algún tipo de 'orden' dentro del 'desorden'.

¿Es el miedo a la muerte un instinto o una conducta aprendida? ¿Cómo se originó el miedo a la muerte y cómo se relaciona con la ansiedad? Muchos argumentan que el miedo a la muerte—también conocido como *"thanatophobia"*—es un conjunto de distintos miedos: *"the fear of death is a composite of many fears: our early fears of separation, of individuality, of leaving our mother, and finally of leaving the world and being alone"* (Langner, 2002, p. 2). Uno de los factores que influyen en el desarrollo al miedo a la muerte desde temprana edad es lo que los investigadores llaman como; *"the lack of object constancy"* (Langner, 2002, p. 16).

El infante aún no posee la capacidad—o las herramientas cognitivas—de entender que un objeto continúa existiendo, aunque no esté en su campo visual. "Desde el nacimiento hasta los dos años de edad se extiende el *estadio sensorio-motor*... Durante esta etapa, en el primer año de vida se construye lo que Piaget llama la permanencia del objeto, es decir, cuando un objeto sale del campo visual aprende a reconocer que todavía existe sin necesidad de observarlo" (Cecilía, 2014, p. 28). *"Since this "constancy" has to be learned, the infant may initially feel abandoned the instant the mother's face is out of sight"* (Langner, 2002, p. 16). Muy similar Freud también asoció el miedo a la muerte con la ausencia de un objeto en esta etapa del infante, *"fear of losing the love-object, i.e, anxiety from separation from the mother"* (Feifel, 1959, p. 123).

La tanatofobia o el temor a la muerte es un miedo que se encuentra a menudo en niños desde los tres años de edad (Wahl, citado por Langner, 2002, p. 15).

El duelo en la familia

El fallecimiento de un ser amado es una experiencia que podemos catalogar como universal que todos hemos vivido o estamos predestinado a vivir (Puigarnau, 2010, p. 19). Ahora podemos cuestionar; ¿por qué algunas personas no necesitan ayuda psicológica especializada para recuperarse, mientras que un porcentaje de personas afectadas no son capaces de reorganizar su vida a pesar del tiempo transcurrido? El pensamiento filosófico de Spinoza sobre la muerte reconocía que; *"if we could only recognize the fact—or, at least, what he took to be a fact—that everything that happens in life is necessary, then we would get a kind of emotional distance from it; it would no longer upset us. We would no longer be disappointed by things, because to be disappointed in something presupposes that it could have been some other way. And Spinoza thought that once you see that it couldn't go any other way, then you can't be sad about it"* (Kagan, 2012, p. 265). Muy similar se encuentra el pensamiento filosófico de Epícteto en donde alega que "[l]as cosas en si no atormentan a los hombres sino las opiniones que tienen de ellas" (Rosado, 2014, p. 210). Epícteto pertenecía a la escuela filosófica griega conocida como el estoicismo. Los estoicos no creen que la vida se lleve a cabo por medio de la suerte o el azar, sino que, debemos vivir de acuerdo a la razón y así evitando la preocupación de algo que sucede y que no podemos controlar. "Su firme creencia en la racionalidad lo llevó a trabajar con los pensamientos irracionales… estos tienen la capacidad para la autopreservación y el amor, pero también para la autodestrucción y el odio" (Rosado, 2014, p. 228). Mientras que el humanismo "reconoce o atribuye al ser humano plena libertad, total responsabilidad y ser él la única causa de sus actos, negando que el ambiente pueda tener efectos en la conducta de éste" (Rivera, 1984, p. 37).

Cuando una persona sufre de malestares psicológicos y acaban provocando una incapacitación para la vida y las relaciones, hablamos de duelo complicado o patología del duelo (Puigarnau, 2010, p. 20). El duelo es cuando se pierde tanto la relación como el contacto con la otra persona, que también rompe el contacto con uno mismo (Puigarnau, 2010). Entonces, ¿cómo podemos alterar nuestros pensamientos y visualizar una situación de sufrimiento como un evento de cambio en nuestra existencia? Como bien menciona Viktor Frankl, en su libro; *"Man's Search for Meaning" "we need to stop asking about the meaning of life, we need to change our attitude toward life… it did not really matter what we expected from life, but rather what life expected from us"* (Frankl, 2004, p. 62). "La muerte de un ser querido puede convertirse para muchos en un auténtico camino de transformación que lleva a la construcción de una nueva identidad y a cambios personales positivos, mientras que a otros puede destruirles su identidad, sus relaciones y el sentido de sus vidas" (Puigarnau, 2010, p. 23). Una técnica asociada con este principio es lo que se conoce como; "*reframing*". *"Instead of viewing an individual's symptoms as a pathology, symptoms can be reframed as adaptive coping strategies, when they alert an individual to something that is in need of change"* (Hensley, 2008, p. 13). A continuación, el autor argumentará por qué cada individuo reacciona de forma distinta ante la pérdida de un ser querido.

La teoría de la vinculación de John Bowldy, es una teoría que nos ayuda a entender por qué los humanos reaccionamos con emociones y comportamientos intensos ante una ruptura o a la amenaza de la separación de un ser querido. Muy similar a la teoría del origen a la tanatofobia, mencionada en la primera parte del ensayo, es la teoría de la vinculación de Bowldy. "[L]a razón principal por la que el niño tiende a vincularse con la madre es su necesidad de seguridad y protección; y en este sentido el impulso de vinculación es una reacción natural de supervivencia" (Puigarnau, 2010, p. 33). Podemos entender que el adulto afecta de una manera significativa en el desarrollo de la seguridad del infante. Como menciona Ainsworth y otros, (citado en Puigarnau, 2010), "[e]l adulto actúa como una base de seguridad de la que el niño aprende a separarse de forma progresiva, por periodos de tiempo cada vez más largos, para poder explorar y aprender del exterior, retornando a esta figura de referencia cuando la necesita como espacio de protección y seguridad" (p. 33). Si la figura de seguridad emocional y física no está presente durante ese tiempo vital, entonces va a desarrollar un estilo de vinculación insegura durante el transcurso de su vida. "Si el cuidador es inconsistente, es decir, a veces cálido, a veces frío y ausente, entonces el niño desarrolla una respuesta de *dependencia compulsiva*" (Puigarnau, 2010, p. 35) (la cursiva es mía). Esto provoca que el niño entienda un estilo de vida en donde sus demandas emocionales y físicas se satisfagan de forma incesante, y cuando el niño no se encuentre en contacto con el adulto lo visualizará como una experiencia terrorífica y desagradable. "Este suele ser el caso de las madres (padres) deprimidas, sin interés por el niño y emocionalmente distantes. El niño desarrolla la idea de que tener necesidades es algo malo y, por tanto, las minimiza, a menudo sacándolas de su conciencia" (Puigarnau, 2010, p. 36).

Marti Horowitz, menciona sobre los mecanismos de defensa ante la pérdida de un ser querido que ayudan en la adaptación al trauma. Cuando una noticia de pérdida de un ser querido no es anticipada, es discordante con el mundo interno de presuposición de seguridad y protección, por tanto, esta discrepancia amenaza con producir sentimientos profundos de miedo o desesperación (Puigarnau, 2010). Cuando un sujeto minimiza la importancia del evento o lo niega de forma consciente es lo que se conoce como supresión, mientras si la persona lo minimiza de forma inconsciente se llamaría represión (Puigarnau, 2010). El autor considera que, muy similar al pensamiento existencial de Viktor Frankl, debemos visualizar los eventos en la vida como una oportunidad para cambiar 'algo' en nosotros, y así evitar expectativas en qué la vida me puede brindar, sino, qué yo puedo brindarle a la vida. El mecanismo de defensa llamado *alteración de los esquemas personales*, es en donde "la persona construye unos esquemas mentales más competentes respecto a la posibilidad de trauma, incluyendo la posibilidad de la pérdida en su manera de conceptualizar el mundo y las relaciones, con el cual el impacto emocional será mucho menor y se facilita así el proceso de adaptación" (Puigarnau, 2010, p. 46-47). El concepto de muerte, al igual que cualquier otro evento en el universo, es un proceso natural, en donde nacimos, vivimos un breve tiempo y luego dejamos de existir.

El único punto que puedo visualizar como un suceso negativo en la muerte es, que la muerte te prohíbe disfrutar de las cosas buenas que te puede brindar la vida (Kagan, 2012, p. 233). Si falleces hoy, entonces te prohíbe disfrutar de los eventos buenos que la vida te pudo dar si aún estuvieras con vida (Kagan, 2012, p. 233). ¿Pero puede ser la muerte '*algo*' malo para ti? Para que '*algo*' sea malo para ti, debes existir. Por ejemplo; para que sufras de asma, debes existir, de otra manera no puedes padecer de '*algo*' si no existes. Cuando falleces dejas de existir. Entonces, la muerte no podría ser 'algo malo', porque no existes (Kagan, 2012, p. 216).

> *"How good it is to be alive is a matter of adding up all of what we can call the contents of life. We add up your pleasures and pains, accomplishments and failures, and we look for the total. That's what's relevant in determining the value of your life: what's happening within your life… Rather, life itself is only a container which we fill with various goods or bads"* (Kagan, 2012, p. 258).

Ensayo
VI
El milagro de existir

El principio de Copérnico establece que; el ser humano no tiene un lugar o propósito especial en el universo. Nuestra estrella más cercana—el Sol—sólo es una entre cien billones de estrellas en nuestra galaxia, la Vía Láctea. El biólogo Stephen Jay Gould, aboga que, si de alguna manera fuera posible crear un planeta con la probabilidad de que el DNA y la vida lograran desarrollarse, al nivel de organismos conscientes e inteligentes, como somos nosotros los humanos, sería muy poco probable (Kaku, 2015). "*In fact, in the history of Earth, there are many times when intelligent life was almost extinguished. In addition to the mass extinctions that wiped out the dinosaurs and most life on Earth, humans have faced additional near extinctions*" (Kaku, 2015, p. 326). Podríamos llamar un 'milagro' el hecho que estamos aquí, *ahora,* como organismos conscientes que lograron subsistir los retos del mundo natural, y adaptarnos a nuestro medio ambiente por medio de la selección natural. Yo diría que nada da más sentido a la vida que saber que cada momento de nuestra existencia es sumamente precioso, valioso, y, a la misma vez, extremadamente frágil.

Mientras más incrementa el conocimiento sobre el comportamiento humano, se hace más evidente justificar; el cerebro humano como el 'objeto' más sofisticado en el universo. Estamos conscientes que estamos aquí, y entendemos que todos sostenemos un 'yo' único. Sin embargo, no existe ninguna evidencia empírica, desde el punto neurofisiológico, de que existe tal 'yo' (Harris, 2014). En ninguna parte del universo hemos encontrado 'algo' que experimente un estado de *"awareness"*, como lo que sentimos nosotros los humanos. La única forma de comprobar que dicha consciencia existe, por razones obvias, es que podemos vivir y tener la experiencia de una personalidad, o un 'yo'.

El hecho de que cada átomo de nuestro cuerpo está compuesto del polvo de las estrellas—siendo imposible estar aquí ahora, sin la existencia de una supernova millones de años atrás—es la razón por la cual deberíamos sentirnos agradecidos de existir. Y como expuso el físico Lawrence M. Krauss; *"to be the product of star dust, is the most poetic thing I have ever know"*. Promover la mejor calidad de vida y bienestar a la humanidad, debería ser el objetivo principal tanto de la ciencia como de la humanidad. Ser personas conscientes es lo que le da a nuestra vida una dimensión moral (Harris, 2014). Sin la consciencia, no tendríamos una causa de por qué deberíamos comportamos de cierta manera ante los demás seres humanos. No tenemos obligaciones éticas ante objetos inanimados, pero tenemos dichas obligaciones con todas las criaturas que puedan sufrir o ser privado de la felicidad. Desde el punto de vista moral, que expone el trascendentalismo, los valores morales existen fuera de la mente humana (Shermer, 2004), en el sentido que es una característica universal entre todos los seres humanos, independientemente de su grupo étnico, religión, preparación académica, color, preferencia sexual, partido político, etc. Me siento sumamente agradecido, no sólo por existir, sino, por el mero hecho que estoy consciente que este instante es único, y no se volverá a repetir. Muy bien lo explica Dante Alighieri;

> *"We are racing through space at the rate of nineteen miles every second. Today is our most precious possession. It is our only sure possession"* (Carnegie, 1948, p. 30).

Ensayo
VII

Una revolución sin conocimiento no es revolución

Revolución sin intelecto no es revolución, es sólo eso, una 'revolución', una idea vaga, como hablar de armonía musical sin haber estudiado *Eine kleine Nachtmusik*. Todos queremos revolución, una revolución sin intelecto, una revolución intuitiva. Muchos desean un pensamiento humanista social, es decir, debemos seguir no la voz individual, sino, la voz colectiva. Claro está, muchos deseamos un cambio en el sistema político, económico, educativo, social, etc., pero muy pocos entienden, y tampoco tienen la iniciativa de indagar, dichos sistemas, y, de explicar la metodología política fracasarían evidentemente. ¿Por qué Rumania fue gobernado por el comunismo en mando de Ceausescu Nicolae, por cuatro décadas, y, cuando finalmente se desmoronó, el 21 de diciembre 1989, la nueva élite que tomó el mando, estaba compuesta por antiguos comunistas y sus mismos familiares? (Noah, 2016).

Las masas que salieron a la calle a reclamar que estaban cansados de este dictador se tuvieron que conformar con el nuevo gobierno. ¿Por qué? Porque no entendían cómo manejar, explicar y organizarse de forma eficaz, para cuidar de sus propios intereses. Por tanto, lo que podemos aprender de la historia es, que una revolución no es una revolución sin intelecto, sin conocimiento, sin organización ni planificación, una cosa es reunir 100,000 personas en una plaza, o en una avenida de la ciudad, y otra muy distinta es controlar el sistema político y dirigir un país con eficacia (Noah, 2016, p. 158).

Hacer 'revolución' sin tener un conocimiento en cómo sobrellevar a otro nivel lo que queremos reclamar, es como alegar que, *Eine kleine Nachtmusik* es una obra deficiente, sin conocer, o entender, cuál grado en un acorde es el responsable que se convierta en mayor, menor o disminuido. Es posible estar equivocados y no saberlo, a eso le llamamos ignorancia, y también es posible estar equivocados y saberlo, pero cuando no aceptamos nuestra falta de intelecto, a eso le llamamos hipocresía. No hagamos una revolución hipócrita, sino, una revolución intelectual.

This page intentionally left blank

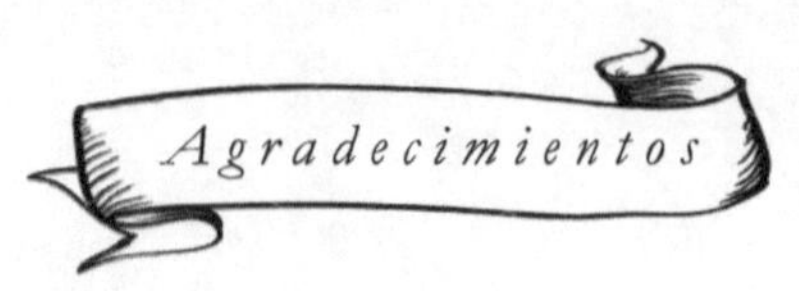

Me gustaría brindar mi gratitud a los siguientes *Homo sapiens*, animales e instituciones. Agradezco infinitamente a todos los que me acompañaron en las ideas para construir este libro. A los familiares y compañeros que le dieron una mano a mi familia, mientras escribía el bosquejo de este tomo. Comencé escribir "*En Busca De Sentido Ante El Huracán María*" alrededor de una semana posterior al paso del huracán María por la isla de Puerto Rico. Sin duda agradezco a mi familia; Porfirio Valentín Hubbard, Lilliam Báez García y William Valentín Báez por siempre apoyarme en mis proyectos musicales y literarios; sin olvidar a nuestras mascotas *Browny y Tatu*. También agradezco a las personas que—tan pronto el huracán se retiraba de la isla—hicieron lo posible por cooperar y brindar ayuda; la familia Lozada, Aida Báez y familia, Dr. Ángelo Nazario, Edil Colón, Robert Polanco, José Vives Vega y familia, Erin Meyer, Josué Pagán Nieto, ingeniero Eddie Velázquez, Leída Fernandez Martel, Haydee Martínez, a mis amigos músicos e intelectuales Dr. José Nieves y Ángel Vélez, a Melanie Matos por sus fotografías luego del huracán, Rafael López y familia. Las lecturas de los libros de James Allen, Sam Harris, Dale Carnegie, Richard Dawkins, Michael Shermer, Viktor Frankl, Harold Kushner, Yuval Noah Harari, fueron para mí una gran inspiración para la creación de este libro. Agradezco a la facultad de la sección de reserva en la Biblioteca de la Universidad Interamericana Recinto de San Germán, por siempre brindarme la oportunidad al acceso a los libros amablemente. Al Dr. Ángelo Nazario y Lilliam Báez, que leyeron estas páginas e hicieron comentarios y observaciones.

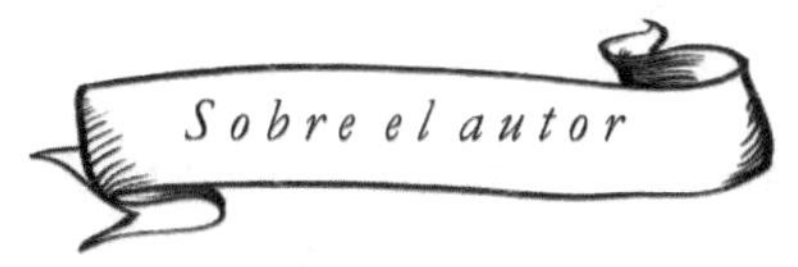

Christian Valentín Báez, nació el 17 de septiembre de 1986 en Mayagüez. Estudió administración de empresas en la Pontificia Universidad Católica Recinto de Mayagüez, graduándose en el 2010. En ese mismo año pasó a estudiar ingeniería de sonido en el Colegio de Artes, Cine y Televisión en Bayamón, donde culminó en el 2012. Sus estudios graduados iniciaron en la Universidad Interamericana Recinto de San Germán, graduándose con una maestría en educación musical en el 2016. Al momento de esta publicación está realizando sus estudios doctorales en el programa de consejería psicológica en la Universidad Interamericana Recinto de San Germán.

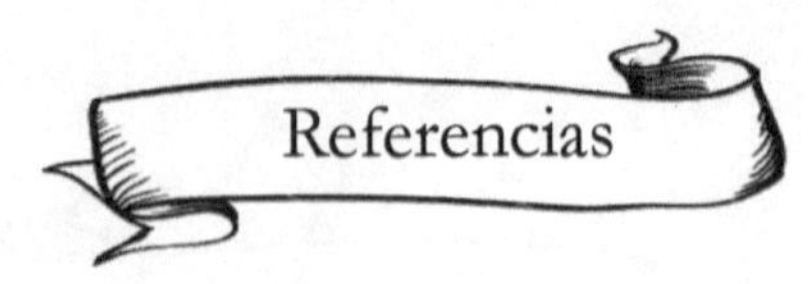

Acosta, J. (2013). *Génesis del desarrollo del pensamiento pedagógico de Puerto Rico.* San Juan, Puerto Rico: Innovation Awards.

Allen, J. (2010). *As A Man Thinketh.* United States: Simon & Brown.

Arana Soto, S. (1976). *Puerto Rico: sociedad sin razas.* San Juan: Asociación Médica de P.R.

Ayala, Francisco. (2007). *Darwin y el diseño inteligente, creacionismo, cristianismo evolución.* Madrid: Alianza Editorial.

Badillo, Jail y Cantos, Angel. (1986). *Puerto Rico Negro.* Rio Piedras, Puerto Rico: Editorial Cultural.

Badillo, P. (1974). *Antología de Filosofía Griega.* Puerto Rico: Editorial Universitaria Universidad de Puerto Rico.

Beauport, E. & Diaz, S. (2002). *The Three Faces of Mind Think, Feel, and Act To Your Highest Potencial.* Illinois: Quest Books.

Beck, R. (2000). *Motivation Theories & Principles.* New Jersey: Prentice Hall.

Boyer, P. (2001). *Religion explained: The evolutionary origins of religious thought.* New York: Basic Books.

Brace, L. C. (2005). *Race is a four-letter word: The genesis of the concept.* New York: Oxford University Press, USA.

Briones, C., Fernández Soto, A., y María Bermudez de Castro, J. (2015). *Orígenes El universo, la vida, los humanos.* Barcelona: Crítica.

Campos, Albizu.(1977). *La conciencia nacional puertorriqueña Pedro Albizu Campos.* México: Siglo Veintiuno editores.

Carnegie, D. (1948). *How To Stop Worrying And Start Living.* New York. Simon and Schuster.

Carr, N. (2010). *The Shallows What The Internet Is Doing To Our Brains The Shallows.* New York: W.W. Norton & Company.

Cecilía, S. (2014). *El método musical Kodaly en su nivel de iniciación como herramienta para favorecer el proceso lector-escritor en los niños de 5 y 6 años de edad.* Colombia: Instituto Latinoamericano de Altos Estudios.

Chopra D, Tanzi E. (2014). *Super Cerebro.* Nueva York: Vintage Español una división de Random House LLC.

Coon Dennis & Mitterer o John. (2016). *Introducción a la Psicología: Acceso a la mente y a la conducta.* México, D.F.: Cengage Leraning Inc.

Coon, Carleton S. (1969). *Las razas humanas actuales.* Madrid: Ediciones Guadarrama.

Dawkins, R. (2006). *The god delusion.* New York: Houghton Mifflin Company.

De Unamuno, M. (2016). *El Sentimiento Trágico de la Vida.* United States: Createspace Independent Publishing Platform.

Dirie, W. & Miller, C. (1998). *Desert Flower The Extraordinary Journey of a Desert Nomad.* New York: William Morrow And Company, Inc.

Duhigg, Charles. (2012). *The Power of Habit; Why we do what we do in life and business.* New York: Random House.

Feifel, H. (1959). *The Meaning of Death.* New York: McGraw-Hill.

Frankl, V. (2004). *Man's search for meaning.* London: Penguin Random House Group.

Freud, S. (1957). *The Future of an illusion.* New York: Doubleday Anchor Books.

Garn, S. M. (1969). *Human races* (third ed.). USA: Charles C Thomas Publisher.

Gilbert, D. (2006). *Stumbling on Happiness.* New York: A Division of Random House, Inc.

Gutiérrez, Raúl. (1982). *Introducción a la ética.* México: Editorial Esfinge, S.A.

Harris, Sam. (2010). *The Moral Landscape How Science Can Determine Human Values.* New York: Free Press.

Harris, Sam. (2012). *Free Will.* New York: Free Press.

Harris, Sam. (2014). *Waking Up a Guide to Spirituality Without Religion.* New York: Simon & Schuter.

Hawking, S. (1988). *Historia del Tiempo Del Big Bang a los Agujeros Negros.* México: Editorial Crítica.

Hensley, L. (2008). *Girl's and women's wellness.* Alexandria VA: American Counseling Association.

Hernández, A. (2015). *Políticas imperiales sobre la educación de Puerto Rico, 1800-1920.* Puerto Rico: Editorial Akelarre.

James, W. (1902). *The Varieties of Religious Experience: A Study In Human Nature.* CreateSpace Independent Publishing Platform.

Jung, C. (1933). *Modern Man in Search of a Soul.* New York: Harcourt Brace Jovanovich, Publishers.

Kagan, S. (2012). *Death.* New Haven: Yale University Press.

Kaku, Michio. (2015). *The Future of the Mind.* United States: Anchor Books.

Kolb B, Whishaw, I. (2015). *Fundamentals of Human Neuropsychology.* United States: Worth.

Kushner, H. (1986). *When All You've Ever Wanted Isn't Enough.* New York: Summit Books.

Langner, T. (2002). *Choices for living coping with fear of dying.* New York: Plenum Publishers.

Lent, J. (2017). *The Patterning Instinct a Cultural History of Humanity's Search for Meaning.* New York: Prometheus Books.

Livio, M. (2017). *Why What Makes Us Curious.* New York: Simon & Schuster paperbacks.

Manes, F. (2015). *Usar el Cerebro.* Barcelona: Paidós.

Martin & Beck. (2014). *EQ: Qué es inteligencia emocional: Cómo lograr que las emociones determinen nuestro triunfo en todos los ámbitos de la vida* (10th ed.). Madrid: Edad Antillas, United States.

Meadow M. & Kahoe R. (1984). *Psychology of religion: Religion in individual lives.* New York: Harper & Row Publishers Inc.

Mullainathan & Shafir. (2013). *Scarcity: Why Having Too Little Means So Much.* United States: Times Books.

Noah, Yuval. (2014). *Sapiens De animales a dioses.* Barcelona: Debate.

Noah, Yuval. (2016). *Homo Deus Breve Historia del Mañana.* Barcelona: Debate.

Osho, Laffón, L. M.S. & Moriones, E. (2009). *El libro del hombre/ the book of man: El Adan, El Esclavo, El Hijo, El Homosexual, El Marido, El político, El Sacerdote.* Barcelona: Random House Mondadori.

Papineau, D. (2008). *Filosofía: Mundo Mente y Cuerpo Conocimiento Fe Ética y Estética Sociedad.* Barcelona: Blume.

Pinker, S. (2002). *The Blank Slate The Modern Denial of Human Nature.* New York: Penguin Group.

Pons, F. M. (2008). *History of the Caribbean: Plantations, trade, and war in the Atlantic world.* United States: Wiener, Markus Publishers.

Puigarnau, A. (2010). *Las tareas del duelo: Psicoterapia de duelo desde un modelo integrativo relacional.* Barcelona: Paidós.

Ramos-Perea, R. (2011). *Literatura puertorriqueña negra del siglo XIX escrita por negros: Obras encontradas de Eleuterio Derkes, Manuel Alonso Pizarro y José Ramos y Brans: Antología de la literatura puertorriqueña negra escrita por negros, 1880-1925* (2nd ed.). San Juan, P.R.: Publicaciones Gaviota.

Rivera, Abad, Oscar. (2010). *Vida y obra del maestro Rafael apóstol de la educación.* Colombia: Panamericana Formas e Impresos, S.A.

Rivera, Alba. (1984). *Hacia una psicoterapia para el puertorriqueño.* Puerto Rico: Centro para el Estudio y Desarrollo de la Personalidad Puertorriqueña.

Robertson, I. (1977). *Sociology.* New York: Worth Publishers, INC.

Rodríguez, J. (2013). *La Educación en el Ideario de Hostos.* Puerto Rico: Ediciones Abacoa.

Rosado, Carmen. (2014). *La consejería arte, ciencia y profesión de ayuda* (3nd ed.) Puerto Rico: Publicaciones Puertorriqueñas inc.

Sagan, C. (1997). *Billions & Billions.* New York: Ballatine Books.

Sánchez Vázquez. (1969). *Ética.* Argentina: Tratados y Manuales Grijalbo.

Seligman, M. (1991). *Learned Optimism.* New York: Alfred A. Knopf.

Shermer, M. (2004). *The Science of Good & Evil.* New York: Times Books.

Shermer, M. (2008). *The Mind of The Market, Compassionate Apes, Competitive Humans, And Other Tales From Evolutionary Economics.* New York: Henry Holt and Company.

Sigman, Mariano. (2017). *La Vida Secreta de la Mente.* México: Debate.

Taub, L. (2014). *La Mente Oculta.* Madrid: Edad Antillas.

Tovar, Federico. (1974). *Lolita Lebrón la prisionera.* New York: Plus Ultra Educational Publishers, Inc.

Trefil, James. (1992). *1001 Things Everyone Should Know About Science.* New York: Doubleday.

Wolfe, Patricia. (2001). *Brain Matters Translating Research into Classroom Practice. United* States: Association for Supervision and Curriculum Development.

Zenón Cruz, Isabelo. (1974). *Narciso descubre su trasero, negro en la cultura puertorriqueña.* Humacao, Puerto Rio: Editorial Furidi.

"Ser Consciente es más vital que ser una persona inteligente. Conocemos qué compone la inteligencia, pero no la consciencia"

-Christian Valentín Báez

Otros libros en

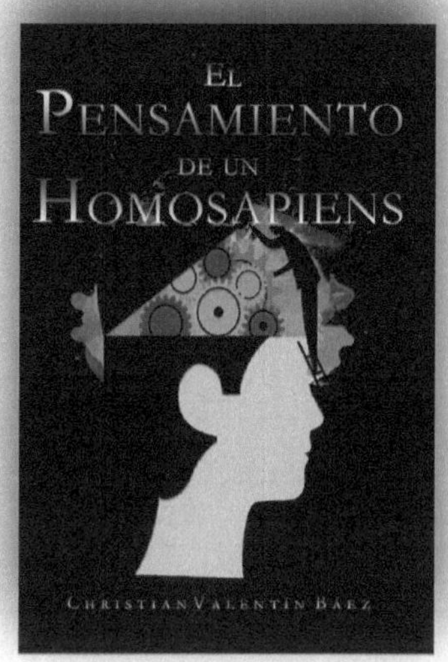

Notes

BIG BIRD BOOKS

This Book is part of BigBird Books Publishing

www.ingramcontent.com/pod-product-compliance
Lightning Source LLC
Chambersburg PA
CBHW031307250726
48656CB00005B/1678

* 9 7 8 1 9 8 1 3 2 8 2 9 1 *